T0145760

DE L'AMOUR

BIBLIOTHÈQUE DES TEXTES PHILOSOPHIQUES

Fondateur H. GOUHIER   Directeur J.-F. COURTINE

DESTUTT DE TRACY

DE L'AMOUR

Texte original en langue française
Introduction, édition et notes par Claude JOLLY

Préface de Jean TULARD
Membre de l'Institut

PARIS
LIBRAIRIE PHILOSOPHIQUE J. VRIN
6, Place de la Sorbonne, V ^{e}
2006

En application du Code de la Propriété Intellectuelle et notamment de ses articles L. 122-4, L. 122-5 et L. 335-2, toute représentation ou reproduction intégrale ou partielle faite sans le consentement de l'auteur ou de ses ayants droit ou ayants cause est illicite. Une telle représentation ou reproduction constituerait un délit de contrefaçon, puni de deux ans d'emprisonnement et de 150 000 euros d'amende.

Ne sont autorisées que les copies ou reproductions strictement réservées à l'usage privé du copiste et non destinées à une utilisation collective, ainsi que les analyses et courtes citations, sous réserve que soient indiqués clairement le nom de l'auteur et la source.

© *Librairie Philosophique J. VRIN*, 2006

Imprimé en France

ISBN 2-7116-1808-0

www.vrin.fr

PRÉFACE

En écrivant *De l'amour* Stendhal savait qu'un ouvrage éponyme avait été rédigé quelques années plus tôt par Destutt de Tracy. Il connaissait l'Idéologue qu'il qualifie dans ses *Souvenirs d'égotisme* de « petite âme étiolée par la politesse de Paris ». Il fréquentait pourtant son salon et qualifie dans la même œuvre Mme de Tracy de « grâce incarnée ».

On sera peut-être surpris de découvrir ce vénérable philosophe disserter sur l'amour. On sera moins surpris sans doute de lire sous sa plume : « Les liaisons tourmentées par les lois, exposées à mille traverses contraires ou du moins opposées à beaucoup de devoirs et d'intérêts donnent rarement un bonheur paisible et jamais un bonheur complet ». On imaginait plutôt Destutt de Tracy perdu dans les brumes de la métaphysique.

C'est oublier qu'après la chute de Robespierre qui entraîna celle du culte de l'Etre suprême, les Thermidoriens, tous athées, imaginèrent de substituer à la morale chrétienne une morale laïque. Cette morale supposait de mettre le mariage, institution sociale, en rapport avec les principes des Lumières. C'est vers le chef de file des Idéologues, Destutt de Tracy, qui partageait cette primauté avec Cabanis, que l'on devait se tourner.

Déjà, dans la déclaration des devoirs de l'homme qui précédait la Constitution de 1795, s'esquissaient des principes moraux. On lisait à l'article 2 : « Ne faites pas à autrui ce que vous ne voudriez pas que l'on vous fît » ou « Faites constamment aux autres le bien que vous voudriez en recevoir ».

L'article 4 est resté célèbre : « Nul n'est bon citoyen s'il n'est bon fils, bon père, bon frère, bon ami, bon époux ».

Il y aura donc dans les *Éléments d'idéologie* de Destutt de Tracy une partie consacrée à la morale, c'est-à-dire aux sentiments.

C'est à cette partie que se rattache *De l'amour* dont, avec sa profonde connaissance de Tracy, Claude Jolly nous raconte la genèse et les problèmes de publication.

À l'inverse de Stendhal, Tracy s'efforce, dans la perspective d'une morale laïque, de faire coïncider l'amour et le mariage, le sentiment et la raison.

On lira, à la fin du volume, la lettre de Tracy à Stendhal sur l'autre *De l'amour*. On y relève cette jolie phrase : « Dans ces mystères il n'est pas aisé de voir bien clair et le danger est pour celui qui affirme ».

Jean TULARD
Membre de l'Institut

INTRODUCTION

> *La nature lie, par une chaîne indissoluble,*
> *la vérité, le bonheur et la vertu.*
> Condorcet [1]

> *M. de Tracy était humilié de croire,*
> *il voulait savoir.*
> Sarah Newton Destutt de Tracy [2]

Ayant entrepris d'éditer la correspondance de Destutt de Tracy [3], je demandai aux services d'archives d'Argentine (*Archivo General de la Nación*) de bien vouloir m'envoyer une reproduction des lettres adressées par le philosophe à Bernardino Rivadavia, président de la République de ce pays

---

1. Jean Antoine Nicolas Caritat de Condorcet, *Esquisse d'un tableau historique des progrès de l'esprit humain*, texte revu et présenté par O. H. Prior, nouv. éd. présentée par Y. Belaval, Paris, Vrin, 1970, p. 228.

2. Sarah Newton Destutt de Tracy, *Notice sur M. Destutt de Tracy*, Paris, Plon, s.d. [1847], p. 7. Cette notice, écrite initialement pour sa famille, est reprise dans le premier volume de ses *Essais divers, lettres et pensées*, Paris, Plon, 1852, 3 vol.

3. Destutt de Tracy, *Lettres à Joseph Rey (1804-1814)*, éditées par Claude Jolly, Genève, Droz, 2003.

de 1826 à 1827. En juin 2003, je reçus du *Departamento Documentos Escritos*, sous la signature de M. Bruno Di Pietro[1], les reproductions demandées auxquelles était ajoutée, contre toute attente, une copie du texte *De l'amour*, dans sa version originale en langue française, envoyée en son temps par Destutt de Tracy à son correspondant argentin. Ainsi mis-je la main, sans l'avoir cherché, sur un texte que l'on croyait définitivement perdu[2], qui a fait l'objet de multiples recherches infructueuses et dont on ne connaissait le contenu que par une traduction de traduction, publiée en français par Gilbert Chinard en 1926[3] à partir de la traduction en italien de l'édition des *Elementi d'ideologia* par Giuseppe Compagnoni[4].

Le présent volume a donc pour objet de donner à lire le texte original de *De l'amour* tel qu'il fut écrit par Destutt de Tracy. Suffisamment clair par lui-même, il n'a nul besoin

---

1. Je prie M. Di Pietro de trouver ici l'expression de mes remerciements.

2. Il en existait une copie dans le château familial de Paray-le-Frésil (Allier), ce dont atteste à la fois Emmet Kennedy dans son ouvrage essentiel *A Philosoph in the Age of Revolution, Destutt de Tracy and the Origins of « Ideology »*, Philadelphia, The American Philosophical Society, 1978, p. 260 et A. Doyon et M. A. Fleury, « Nouvelle correspondance stendhalienne : dix-huit lettres inédites à Stendhal et trois lettres à Romain Colomb », dans *Stendhal Club*, n°42, 1969, p. 126. Restée inédite, cette copie a malheureusement disparu dans l'incendie de novembre 1968. Les copies adressées à Claude Fauriel, Thomas Jefferson, Defendente Sacchi ou Stendhal n'ont pas été retrouvées.

3. Destutt de Tracy, *De l'amour*, publié pour la première fois en français avec une introduction sur Stendhal et Destutt de Tracy par Gilbert Chinard, Paris, Les Belles-Lettres, 1926. La traduction de Gilbert Chinard est reprise dans l'édition du *Traité de la volonté et de ses effets* publiée en 1994 par Anne Deneys-Tunney et Henry Deneys dans le *Corpus des œuvres de philosophie en langue française*.

4. Destutt de Tracy, *Elementi d'ideologia...*, con prefazione e note del Cav. [Giuseppe] Compagnoni, Milano, 1817-1819, 10 vol.

d'être ici résumé, encore moins paraphrasé. En revanche, sa bonne intelligence appelle sans doute que soient fournis plusieurs éléments de contexte. À ce titre, il paraît nécessaire de préciser :

– la place que ce texte occupe dans le dispositif[1] philosophique tracyen (I) ;

– en quoi ces développements sur l'amour, sentiment qui trouve son origine dans notre nature, et le mariage, institution sociale créée par les hommes, sont en cohérence avec les principes philosophiques de notre auteur (II) ;

– l'histoire compliquée de ce texte depuis sa rédaction en 1813 (III) ;

– l'apport de cette version originale (IV) ;

– le protocole qui a présidé à cette édition (V).

I. DE L'AMOUR DANS LE DISPOSITIF PHILOSOPHIQUE TRACYEN

S'il est dès son plus jeune âge acquis à la philosophie des Lumières – ce dont témoignent son admiration pour Voltaire, son engagement maçonnique et son activité à la Constituante – ce n'est qu'en 1792, peu après les journées de juin annonciatrices de la chute prochaine de la monarchie, alors qu'il vient de renoncer à son commandement à la tête de la cavalerie de l'armée du Nord et qu'il s'installe – à bientôt quarante ans – avec sa famille à Auteuil, que Destutt de Tracy entreprend réellement de philosopher. Quelques années plus tard, ayant

---

1. Dispositif, et non système, dans la mesure où Tracy, en bon Idéologue et héritier de la philosophie des Lumières, récuse toute idée de système qui porterait en lui-même sa propre fermeture.

médité, y compris dans les prisons de la Terreur où il séjourne de novembre 1793 à octobre 1794, les œuvres des penseurs de son siècle (Locke, Buffon, Helvétius et surtout Condillac) ainsi que les découvertes des chimistes (Fourcroy, Lavoisier), il devient un des membres parmi les plus prolifiques du nouvel Institut national, le chef de file des Idéologues et sans doute le philosophe le plus en vue du Directoire. Avec la publication des premiers volumes de ses *Eléments d'idéologie* sous le Consulat puis au tout début de l'Empire[1], il occupe avec son ami Cabanis, auteur des *Rapports du physique et du moral de l'homme*[2], une sorte de magistère de la pensée, même si un esprit particulièrement aiguisé aurait pu dès ce moment déceler dans les œuvres de Degérando et les réflexions de Maine de Biran les signes avant-coureurs d'une contestation spiritualiste du « sensationnisme » des Idéologues.

Ce n'est toutefois qu'en 1804, alors qu'il rédige sa *Logique*, qu'il a une perception claire et complète de ce que doit être, dans sa cohérence, son œuvre philosophique. On ne peut ici faire mieux que de reproduire le tableau qui figure à la fin de la *Logique*, tableau qui exprime à la fois le bilan et le programme de sa « philosophie première » :

---

1. En 1801, paraît *Projet d'éléments d'idéologie à l'usage des écoles centrales de la République française*, Paris, F. Didot, an IX, qui sera réédité, légèrement remanié, en 1804 sous le titre *Élémens d'idéologie, première partie, Idéologie proprement dite*, Paris, Courcier, an XIII. En 1803, paraissent, *Élémens d'idéologie, seconde partie, Grammaire*, Paris, Courcier, an XI, puis en 1805, *Élémens d'idéologie, troisième partie, Logique*, Paris, Courcier, an XIII.

2. Pierre Jean Georges Cabanis, *Rapports du physique et du moral de l'homme*, Paris, Crapart, Caille et Ravier, an X (1802); seconde édition [augmentée d'une table analytique dressée par Destutt de Tracy], an XIII (1805).

ÉLÉMENTS D'IDÉOLOGIE

Première section
Histoire de nos moyens de connaître

Ire partie. De la formation de nos idées, ou ....Idéologie
proprement dite

2e partie. De l'expression de nos idées, ou...................Grammaire

3e partie. De la combinaison de nos idées ou ....Logique

Deuxième section
*Application de nos moyens de connaître à l'étude
de notre volonté et de ses effets*

Ire partie. De nos actions, ou ....Économie

2e partie. De nos sentiments, ou...................................Morale

3e partie. De la direction des unes et des autres, ou ......Législation

Troisième section
*Application de nos moyens de connaître à l'étude
des êtres qui ne sont pas nous*

Ire partie. Des corps et de leurs propriétés, ou ....Physique

2e partie. Des propriétés de l'étendue, ou ....Géométrie

3e partie. Des propriétés de la quantité, ou..................Calcul

Appendice
*Des fausses sciences qu'anéantit la connaissance
de nos moyens de connaître et de leur légitime emploi,
à la tête desquelles il faut placer toute métaphysique non révélée*

À partir de là, sa tâche pour les années à venir est toute tracée. La première section – plus connue sous le nom de *Traité de l'entendement* que sous celui d'*Histoire de nos moyens de connaître* – étant publiée, il s'agit pour lui d'entreprendre de rédiger la seconde. On connaît, notamment grâce à sa correspondance, les étapes et le rythme de ce travail. En 1805, il commence la rédaction du premier volume de son

Traité de la volonté et de ses effets, c'est-à-dire de son *Écono-mie*. En 1806 et 1807, il entreprend son *Commentaire sur l'Esprit des lois de Montesquieu*, qui n'est pas autre chose que le travail préparatoire au troisième volume consacré à la légis-lation et qui paraîtra pour la première fois en 1811 aux États-Unis, en anglais et sans nom d'auteur, grâce aux bons offices de l'ancien président des États-Unis, Thomas Jefferson[1]. À partir de 1807, il entre dans une période de dépression qui va durer plusieurs années et entamer sérieusement sa capacité à écrire[2]. Aux malheurs d'ordre privé (la mort d'amis très proches : Cabanis, Mme de La Fayette, les Choiseul-Praslin, etc.; la répression qui s'abat sur d'autres comme Wenceslas Jacquemont) s'ajoutent surtout de graves désillusions : la marginalisation de Sieyès et l'affirmation sans cesse plus prégnante d'un régime autoritaire et oublieux de l'idéal répu-blicain, la réapparition de l'obscurantisme religieux et la régression de la raison sous les habits de ce qui ne s'appelle pas encore le romantisme; bref, le retour pour lui incompré-hensible des rois, des prêtres et des préjugés. Pourquoi écrire dans ces conditions des livres à proprement parler *impublia-bles* sur l'économie, la morale et la législation qui indispose-raient gravement le monarque (déjà passablement irrité par les

---

1. *A Commentary and Review of Montesquieu's Spirit of Laws*, Phila-delphia, 1811. Sur l'histoire de cette édition, voir : Gilbert Chinard, *Jefferson et les Idéologues, d'après sa correspondance inédite avec Destutt de Tracy, Cabanis, J.-B. Say et Auguste Comte* Baltimore, The Johns Hopkins Press, Paris, Presses universitaires de France, 1925. Le *Commentaire sur* l'Esprit des lois *de Montesquieu* paraîtra pour la première fois en français à Liège en 1817 sans l'aval de l'auteur, dans une édition fautive. L'édition française de référence est publiée à Paris à son initiative chez Desoer en 1819.

2. Sur ce point, voir Emmet Kennedy, ouvrage cité à la note 5, p. 191 *sq.* On se reportera aussi à mon introduction aux *Lettres à Joseph Rey*, ouvrage cité à la note 3, p. 9.

premiers volumes tout « métaphysiques » des *Élémens d'idéo-logie*, pourtant beaucoup moins dangereux pour l'ordre social), heurteraient les censeurs, paraîtraient sacrilèges et choque-raient les conformismes ? Tracy ne sort de cet état de langueur que quelques années plus tard quand il prend conscience que son œuvre a un avenir outre-Atlantique et qu'elle doit sans doute consentir à ce long détour avant de revenir triompher dans son propre pays. En 1810 et 1811, il reprend donc la rédaction du premier volume du *Traité de la volonté et de ses effets* dont il s'empresse d'adresser le manuscrit à Jefferson en vue de sa traduction et publication aux États-Unis [1]. Il s'atta-que ensuite au second volume consacré à la morale : il en rédige le chapitre préliminaire puis, en 1813, le deuxième chapitre intitulé « De l'amour ». Celui-ci sera le dernier, en dépit de la volonté plusieurs fois réaffirmée par l'auteur de continuer l'entreprise : sa brève activité politique au Sénat, où il siège depuis le Consulat, pendant la période qui mène de l'Empire à la première Restauration, la vieillesse et surtout la cécité qui s'installe à partir de la fin de 1814 se conjuguent pour l'arrêter définitivement dans la poursuite de ce dessein.

Le programme conçu en 1804 ne fut donc que partiel-lement réalisé. Il le fut néanmoins plus qu'on ne pourrait le penser. En fin de compte, ce qui était défini comme la seconde section a été pour une large part rédigé. Dans une lettre à Jefferson du 4 février 1816 [2], Destutt de Tracy dresse une sorte de bilan : « on vient d'imprimer » en France, dit-il, le premier volume du *Traité de la volonté et de ses effets*, « quatrième

---

1. Celle-ci ne paraîtra qu'en 1818, après de multiples péripéties, sous le titre *A Treatise on Political Economy*.

2. Lettre publiée dans G. Chinard, ouvrage cité à la note 1 de la page 14, p. 165-166.

partie de mes *Élémens d'idéologie* » (ou encore *Économie*),
« suivi d'un commencement de la cinquième » (soit le début
de la *Morale*, avec son chapitre préliminaire et les premiers
paragraphes du chapitre sur l'amour)[1]. Il ajoute : « avec le
Commentaire sur Montesquieu […] et le morceau sur
l'instruction publique[2] […], lesquels réunis pourraient tenir
lieu du sixième volume de mes *Élémens* […], cela forme un
ensemble complet ». Un peu plus loin, il reprend : « je suis
devenu aveugle et infirme, je ne puis plus rien faire, je regrette
de laisser imparfait un ouvrage dont l'idée me paraît impor-
tante, mais encore une fois, le *Commentaire sur Montesquieu*
et le morceau sur l'instruction publique renferment le germe
de toutes mes idées sur la législation ». Dans ce contexte,
l'importance du chapitre « De l'amour » est essentielle
puisqu'il représente à lui seul plus de la moitié de la
partie rédigée de la *Morale*. C'est sur ce chapitre qu'il faut
maintenant nous attarder.

II. UNE APPROCHE *IDÉOLOGIQUE* DE L'AMOUR

Pour Destutt de Tracy, l'homme est tout entier dans sa
faculté de sentir – qui n'est pas autre chose que sa faculté de
penser – et dans sa capacité à se mouvoir[3]. C'est la combi-

---

1. *Élémens d'idéologie, IVe et V^e parties, Traité de la volonté et de ses
effets*, Paris, Courcier, 1815.

2. *Observations sur le système actuel d'instruction publique*, Paris,
Panckoucke, an IX (1801).

3. « Il faut considérer notre individu tout entier et dans son ensemble. Deux
phénomènes principaux s'y font remarquer ; l'un est cette capacité, ce pouvoir
que nous avons de recevoir des impressions, d'avoir des perceptions, en un mot
d'éprouver des modifications dont nous avons la conscience : c'est ce que nous
appelons la faculté de penser ou de *sentir*, en prenant ce mot dans le sens le plus
étendu. L'autre est cette capacité ou ce pouvoir que nous avons de remuer et de

naison de l'une et de l'autre qui a permis le développement progressif des connaissances et de la raison, ainsi que la production des biens utiles, bref de faire passer l'humanité d'un état fruste et ignorant à un état civilisé et éclairé[1]. Ainsi, dans le prolongement des Lumières, elles-mêmes pour une large part inscrites dans la tradition épicurienne, l'homme s'accomplit ou se perfectionne en se conformant à sa nature et une étroite solidarité réunit les notions de connaissance, de raison, de bonheur et de vertu.

On sait que Destutt de Tracy décompose la faculté de sentir ou de penser en quatre facultés primordiales : la sensibilité (sentir des sensations), la mémoire (sentir des souvenirs), le jugement (sentir des rapports) qui permet le raisonnement, et la volonté (sentir des désirs). Cette dernière, celle-là même qui fait l'objet de la seconde section des *Élémens d'idéologie*, présente deux particularités :

1) En tant que sensation d'un désir, elle est accompagnée de souffrance aussi longtemps que celui-ci n'est pas satisfait et d'une jouissance aussitôt qu'il l'est et cesse par conséquent d'être un désir. Et lorsque plusieurs désirs sont en jeu, la volonté est conduite à nous faire préférer ceux qui sont susceptibles de nous rendre heureux plutôt que malheureux ou de

---

déplacer les différentes parties de notre corps et d'exercer une infinité de mouvemens tant internes qu'externes, le tout en vertu de forces existantes en dedans de nous et sans y être contraints par l'action immédiate d'aucun corps étranger à nous : c'est ce que nous appelons la faculté de nous mouvoir ». (*Élémens d'idéologie, I, Idéologie proprement dite*, chap. XII, p. 169). Les références aux pages des *Élémens…* portent sur l'édition en 5 volumes, Paris, Lévi, 1824-1826, qui constitue l'édition de référence. La mention du chapitre permet toutefois de se reporter à une autre édition.

1. « Nous ressemblons aussi peu aujourd'hui à l'homme de la nature, à notre manière d'être originelle, qu'un chêne ne ressemble à un gland et un poulet à un œuf » (*ibid.*, chap. XV, p. 211).

nous apporter le plus de bonheur. À ces titres, la volonté exprime nos besoins et constitue la source de nos sentiments. L'étude de ceux-ci relève principalement de la morale qui n'est en aucune façon un recueil de maximes ou de règles[1] mais « la connaissance des effets de nos penchants et de nos sentiments sur notre bonheur »[2] ou « l'art de régler nos désirs et nos actions de la manière la plus propre à nous rendre heureux »[3].

2) Elle accompagne l'emploi de nos forces physiques et intellectuelles. À ce titre elle exprime nos moyens et constitue la source de nos actions. Son étude relève principalement de l'économie.

L'amour qui de tous nos sentiments est le plus fort – si fort qu'il nous est difficile de l'analyser sans mobiliser notre imagination et y introduire de la passion – constitue dans ces conditions le premier objet d'étude de la morale, à charge pour celle-ci d'en traiter froidement, sans préjugés ni parti pris[4].

---

1. *Élémens d'idéologie, V, Morale*, chapitre premier, p. 357. Voir aussi la lettre à Stendhal du 25 septembre 1821 : « La morale ne doit pas être un paquet de préceptes tombés du ciel ; elle doit être déduite de l'observation scrupuleuse de notre être. Alors seulement elle sera une science dont il pourra naître un art moins erroné que celui dont on nous berce si sottement et si inutilement depuis tant de siècles », dans A. Doyon et M.-A. Fleury, article cité à la note 2 de la page 10, p. 125.

2. *Quels sont les moyens de fonder la morale d'un peuple ?*, mémoire publié dans le *Mercure français* des 10, 20 et 30 ventôse an VI, et repris en appendice du *Commentaire sur* l'Esprit des lois *de Montesquieu*, Paris, Desoer, 1819, p. 459.

3. *Élémens d'idéologie, I, Idéologie proprement dite*, chap. V, p. 53.

4. « L'amour est une passion qui trouble si violemment nos têtes qu'il n'est pas étonnant que nous nous soyons souvent mépris sur tous ses effets. J'avoue que je ne partage pas plus le zèle des moralistes pour diminuer et gêner nos plaisirs que celui des politiques pour accroître notre fécondité et accélérer notre multiplication ». (*Élémens d'idéologie, IV, Économie*, chap. IX, p. 188).

En traiter ainsi, c'est d'abord se souvenir de ce que, suivant les termes de la préface au *Projet d'éléments d'idéologie*, « l'Idéologie est une partie de la zoologie » [1] et que l'Idéologie rationnelle de Destutt de Tracy s'inscrit dans l'Idéologie physiologique fondée par Cabanis. Il faut donc partir des leçons de cette dernière : or la physiologie de Cabanis, de Bichat et de Gall nous apprend que notre existence est à la croisée, d'une part, de la vie organique ou intérieure, d'autre part, de la vie animale ou extérieure. Bien qu'étroitement mêlées l'une à l'autre dans notre organisation, ces deux formes de la vie peuvent, pour le besoin de l'analyse, être opposées terme à terme selon le tableau suivant [2] :

	Vie organique ou intérieure	Vie animale ou extérieure
Fonction assurée	conservation	relation
Foyer principal	nerf grand sympathique	cerveau
Type d'action	instinctive	volontaire
Sentiment	personnalité	sympathie
Passions	haineuses	bienveillantes

En donnant de l'amour une définition qu'il veut parfaitement conforme à notre nature [3], c'est-à-dire en le définissant comme « le résultat du *besoin de reproduction* joint à celui de la *sympathie* » [4], Destutt de Tracy en fait la première et la plus forte de nos passions bienveillantes, relevant à ces deux titres

---

1. *Élémens d'idéologie, I, Idéologie proprement dite*, préface de l'édition de 1801, p. XVIII-XIX.
2. *Élémens d'idéologie, V, Morale*, chapitre premier, p. 382-390.
3. « C'est la nature que je prends pour guide dans mes spéculations », *De l'amour*, § 45.
4. *Ibid.*, § 24. C'est nous qui soulignons.

de la vie animale ou extérieure et des fonctions de relation. Si le besoin de reproduction qui se caractérise notamment par sa vigueur[1], paraît suffisamment clair par lui même, le besoin de sympathie mérite en revanche d'être explicité. Voici comment Tracy le définit : « J'appelle besoin de sympathiser ou sympathie ce penchant qui nous porte à nous associer aux sentiments de nos semblables et même à ceux de toute la nature animée, qui fait que le spectacle de la douleur est une peine pour nous et celui de la joie un plaisir, qui fait que lorsque nous sommes malheureux nous avons besoin d'être plaints, et que quand nous sommes heureux notre satisfaction n'est complète que lorsqu'elle est partagée, qui fait enfin que le sentiment d'aimer nous est agréable à éprouver et à inspirer, et que le sentiment de haïr ou d'être haï est pénible et triste. Ce besoin de sympathiser, cette bonté native existe certainement dans la nature humaine, on ne saurait en douter »[2]. Cabanis, dans les mémoires qu'il a lus sous le Directoire devant la seconde classe de l'Institut et qui sont repris dans *Rapports du physique et moral de l'homme* ne disait pas autre chose : « Cette faculté, n'en doutons pas, est l'un des plus grands ressorts de la sociabilité : elle tempère ce que celui des besoins physiques directs a de trop sec et de trop dur ; elle empêche que ces besoins qui, bien raisonnés, tendent également sans doute à rapprocher les hommes, n'agissent plus souvent en sens contraire pour les désunir : c'est elle qui nous procure les jouissances les plus pures et les plus douces »[3].

---

1. « Le besoin de reproduction, au moins dans l'espèce humaine, est le plus violent de tous quand il se fait sentir dans toute sa force. Il fait taire, dans certains moments, même celui de la conservation » (*ibid.*, § 1).

2. *Élémens d'idéologie, V, Morale*, chapitre premier, p. 589.

3. Pierre Jean Georges Cabanis, ouvrage cité à la note 2 de la page 12, seconde édition, p. 76. Rappelons également que Sophie de Condorcet avait

Ces bases étant assurées, Tracy est en mesure d'entre-prendre son analyse de l'amour et de l'institution qui a voca-tion à le « socialiser » avec plus ou moins de réussite, à savoir le mariage. Le second chapitre de la *Morale* s'organise ainsi :

Introduction : La double nature de l'amour (§ 1-3)

I. « *On en a presque toujours mal raisonné* » (§ 4-15)
1) puissance de l'imagination et des préjugés relativement à l'amour (§ 4-5)
2) la fausseté de nos opinions sur l'amour explique l'absurdité de nos lois et de nos mœurs à cet égard (§ 6-15)

II. « *Soyons donc vrais, c'est la première condition pour être bons* » (§ 16-29)
1) l'amour est étranger au mariage (§ 16-18)
2) l'amour manifeste la bonté de notre nature (§ 19-22)
3) objections et réponses aux objections (§ 23-29)

III. « *Il faut tâcher de réconcilier l'amour avec le mariage* » (§ 30-78)
1) l'amour dans le mariage constitue l'état le plus heureux (§ 30)
2) les deux façons de remplir ses devoirs (§ 31-34)
3) les trois moyens de rapprocher l'amour, conforme à notre nature, et le mariage, protégé par les législateurs et les moralistes (§ 35-78).
   a) créer les conditions pour qu'il n'entre pas dans le mariage de motifs étrangers à l'amour (§ 35-40)
   b) laisser une extrême liberté aux jeunes gens et aux jeunes filles encore non engagés (§ 41-68)
   c) permettre de mettre fins aux unions devenues insupportables (§ 69-78)

Conclusion : L'amour perpétue l'espèce et fonde la société (§ 79)

publié en 1798, à la suite de sa traduction de la *Théorie des sentiments moraux* d'Adam Smith, huit *Lettres sur la sympathie*.

Ainsi, en interrogeant notre seule nature et en se tenant à l'écart de tout préjugé religieux ou « moral » (tel que la condamnation du plaisir ou la sacralisation de la virginité), Destutt de Tracy se propose de montrer l'excellence de l'amour dès lors que ce sentiment est bien dirigé, c'est-à-dire établi sur la base d'une analyse juste. Cette excellence s'entend à deux niveaux : l'amour est d'abord le « sentiment par excellence auquel concourt toute notre organisation », c'est « le chef d'œuvre de notre être »[1], en ce qu'il réunit au point le plus haut notre nature physique (besoin de reproduction) et morale (besoin de sympathie); en second lieu, la régénération de nos mœurs et de la société passe par notre capacité à réconcilier l'amour et le mariage, car cette réconciliation, qui constitue l'objet principal du chapitre[2], est seule susceptible de nous apporter un bonheur sans mélange. Des lois justes, c'est-à-dire des lois « dont le critère de reconnaissance réside dans leur conformité aux lois de la nature humaine »[3], permettront d'accorder la première de nos passions bienveillantes à l'institution du mariage qui organise et stabilise l'élément de base de la société : en effet celle-ci « n'est point composée d'individus isolés. Un homme et une femme pris séparément ne font point un tout complet; ils n'en

1. *De l'amour*, § 3.
2. « À la différence de Stendhal pour qui le mariage et l'amour sont incompatibles, Tracy tente de réconcilier l'affectif et le législatif, le sexuel et le politique, l'émotion et la raison, l'amour et le mariage, en bref nature et société » écrit Anne Deneys-Tunney dans « La République des femmes dans le *De l'amour* de Destutt de Tracy », dans *Dix-huitième Siècle*, n° 36, 2004, p. 81.
3. Rose Goetz, « Eros Idéologue : l'amour dans la philosophie de Destutt de Tracy », dans *Revue philosophique de la France et de l'étranger*, t. 179, 1989, p. 10.

sont que des fractions. C'est le *ménage* qui est le véritable élément de la société »[1].

Si, dans le développement de son analyse de l'amour, Destutt de Tracy s'inscrit assurément dans la continuité de la philosophie des Lumières, il faut remarquer cependant la double radicalité de son point de vue :

– il se place du côté de l'universel : « nous qui écrivons pour tous les hommes et non pas seulement pour la classe privilégiée »[2];

– il part du constat que, par delà les différences, les femmes « ne sont pas d'une autre nature que » les hommes[3].

C'est cette radicalité (certes relative, en ce qu'elle ne va pas jusqu'à introduire les femmes dans la société politique[4])

1. *De l'amour*, § 79. C'est nous qui soulignons.

2. *Ibid.*, § 11. On sait que dans ses *Observations sur le système actuel d'instruction publique*, ouvrage cité à la note 2 de la page 16, Tracy distingue deux classes : « l'une qui tire sa subsistance du travail de ses bras, l'autre qui vit du revenu de ses propriétés ou du produit de certaines fonctions dans lesquelles le travail de l'esprit a plus de part que celui du corps ».

3. *Ibid.*, § 66. Il faut remarquer que les différences ne sont pas toutes à l'avantage ou au désavantage de l'un ou l'autre sexe. Ainsi « les femmes ont reçu de la nature, ou plutôt de la nécessité, une sagacité précoce, un grand talent d'observation, [...] en sorte qu'elles acquièrent de l'expérience plus vite que les hommes, ou si vous voulez, que de moins d'expérience elles tirent plus de résultats », *ibid.*, § 67.

4. Dans le *Commentaire sur* l'Esprit des lois *de Montesquieu* (p. 177-178 de l'édition Desoer citée à la note 2 de la page 18), Tracy écrit : « Les femmes, comme êtres sensibles et raisonnables, ont certainement les mêmes droits, et à peu près la même capacité que les hommes. Mais elles ne sont pas appelées à faire valoir ces droits et à employer cette capacité de la même manière [...]. Or, les femmes sont certainement destinées aux fonctions domestiques, comme les hommes aux fonctions publiques. Elles sont très propres à nous diriger comme épouses et comme mères, mais non à lutter contre nous dans les assemblées ». Cette conception n'était, on le sait, pas partagée par Mme de Staël ni Sophie de Condorcet. Au général Bonaparte qui lui disait qu'il n'aimait pas que les

qui le conduit plus loin que ses devanciers sur le même sujet et l'amène à préconiser aussi bien le dépassement des intérêts de « castes »[1] qu'une « extrême liberté [pour] les jeunes hommes et […] jeunes filles encore non engagés »[2] ainsi que le divorce par consentement mutuel et pour incompatibilité d'humeur[3]. Elle fonde son ambition à voir « naître un caractère national tout nouveau »[4] qui permettra l'éclosion des passions bienveillantes et dans lequel la vanité sera supplantée par la sincérité des sentiments, le luxe par la simplicité de l'utile.

En définitive, comme l'a souligné Rose Goetz, l'amour se trouve à la fois « au principe » et « au terme » de « l'itinéraire de libération qu'esquisse la philosophie de Tracy[5] » :

– au principe, parce que le besoin de reproduction qui « s'épanouit naturellement en besoin de sympathie »[6] fonde

---

femmes s'occupent de politique, cette dernière répondit : « Dans un pays où l'on coupe la tête aux femmes, il est naturel qu'elles aient envie de savoir pourquoi » (Mme de Staël, *Dix années d'exil*, édité par Simone Balayé et Mariella Vianello Bonifacio, Paris, Fayard, 1996, p. 52).

1. *De l'amour*, § 35.

2. *Ibid.*, § 33.

3. Destutt de Tracy se place explicitement dans la lignée de la loi sur le divorce votée en 1792 par l'Assemblée législative. Si le *Code civil* adopté sous le Consulat maintient le divorce par consentement mutuel, il rend son application improbable. Comme l'indique Mathieu Molé dans ses *Souvenirs de jeunesse, 1793-1803*, Paris, Mercure de France, 2005, p. 457-458 : « La question du divorce, à toutes les époques, est devenue la pierre de touche entre les révolutionnaires et les amis de l'ordre, de la morale et des lois. […]. Aussi, plus nos temps furent révolutionnaires, plus nos lois rendirent le divorce facile ; plus nous remontâmes dans l'ordre, la justice, la stabilité, le repos, plus nos lois le rendirent difficile ».

4. *De l'amour*, § 48.

5. Rose Goetz, *Destutt de Tracy, philosophie du langage et science de l'homme*, Genève, Droz, 1993, p. 412.

6. *Ibid.*, p. 321.

les relations que les hommes nouent entre eux ainsi que le développement du langage[1] ;

– au terme, dans la mesure où la première de nos passions bienveillantes constitue la source la plus accomplie de notre bonheur. Or nous savons que, pour Destutt de Tracy, le bonheur, éclairé par la connaissance et la raison, est le but de notre existence[2] et un autre nom de la vertu.

La présence/absence du *De l'amour* dans l'œuvre du philosophe (présence par la place éminente qui lui est marquée au début du volume consacré à la *Morale* et plus largement dans l'économie générale de la pensée tracyenne/absence du fait de sa non publication) n'en est par conséquent que plus paradoxale et mérite que l'on s'interroge sur les raisons qui ont pu conduire l'auteur à renoncer à éditer un chapitre qu'il jugeait si essentiel.

Avant d'en traiter, ajoutons qu'il existe à propos de l'amour, comme d'ailleurs sur la plupart des questions, une remarquable unité de pensée entre Destutt de Tracy et Cabanis et que l'on peut à bon droit parler d'une approche ou d'une conception *idéologique* de ce sujet. C'est la raison pour laquelle nous avons jugé utile de joindre en appendice les quelques pages des *Rapports du physique et du moral de l'homme* qui y sont consacrées. Si l'analyse de Destutt de Tracy est beaucoup plus approfondie, on observe une forte

---

1. « C'est le besoin de l'amour qui a fait naître le désir de communiquer ; c'est ce désir qui a fait inventer les signes artificiels ou volontaires, d'après les signes naturels et involontaires », dans le « Mémoire sur la faculté de penser », *Mémoires de l'Institut national..., sciences morales et politiques*, t. I, thermidor an 6 (1798) ; nouvelle édition, Paris, Fayard, 1992, p. 174.

2. « Le bonheur est le but de tous nos désirs », *De l'amour*, § 25.

parenté entre les deux textes, qui se manifeste jusque dans une même citation de Bacon[1].

III. Histoire du texte et de sa diffusion

Nous avons vu qu'après avoir achevé à la fin de l'année 1811 la rédaction du quatrième volume (Économie) des *Élémens d'idéologie* et en avoir envoyé le manuscrit à Jefferson pour que celui-ci le fasse traduire et publier aux États-Unis, Destutt de Tracy s'est attelé à la rédaction du cinquième (Morale) et qu'il a composé le chapitre «De l'amour» en 1813 : cette date est attestée par une note figurant dans une note de bas de page de la traduction en italien[2], note qui ne figure pas toutefois dans le manuscrit en français. Or, lorsqu'il accepte (plus qu'il ne décide) que son *Traité de la volonté et de ses effets*, parties IV et V des *Élémens d'idéo-*

---

1. Contrairement à ce qu'écrit Anne Deneys-Tunney, dans «La République des femmes dans le *De l'amour* de Destutt de Tracy», article cité à la note 2 de la page 22, p. 76, il n'existe à ce propos aucune divergence entre les deux Idéologues. Quand Cabanis écrit que «*tel qu'on l'a dépeint et que la société le présente en effet quelquefois,* l'amour est sans doute fort étranger au plan primitif de la nature», il ne s'attache qu'à la *représentation erronée* qui a pu être donnée de ce sentiment et non à sa réalité : il ne s'inscrit par conséquent nullement en faux vis à vis des conceptions de son ami qui voit dans l'amour l'une des formes les plus accomplies de notre nature. De même, quand Cabanis affirme que «dans les sociétés modernes, [l'amour est dénaturé] par une exaltation factice», il ne fait que dénoncer, en parfaite harmonie avec Destutt de Tracy, «nos lois […] et nos mœurs, c'est-à-dire nos habitudes, [qui] sont la conséquence de nos opinions» [§ 6], autre nom de nos erreurs, que l'Idéologie a précisément pour objet de corriger.

2. Voir *infra* notre note 1 du paragraphe 43 du texte de Tracy.

logie, soit publié à Paris en 1815[1], il en écarte délibérément « De l'amour » ou plus exactement il n'en livre à l'éditeur que les trois premiers paragraphes et le tout début du quatrième qui s'achève au milieu d'une phrase sur une suite de points. La « note finale » qui clôt l'ouvrage indique que son auteur n'a « plus l'espérance de l'achever »[2] et qu'il s'agit là de son « dernier écrit »[3]. Tout est fait pour que le lecteur comprenne que Tracy n'a rédigé que quelques lignes sur la première de nos passions bienveillantes puis qu'il a levé la plume pour ne plus la reprendre, bref que le chapitre sur l'amour n'existe pas.

Quand en revanche, à l'initiative du libraire milanais Antonio Fortunato Stella[4], Giuseppe Compagnoni[5] entreprend en 1817 de publier en italien une traduction des *Élémens d'idéologie*[6], l'auteur accepte de communiquer son texte et en autorise la publication. Peu après, en 1821, il émet auprès de Jefferson le vœu que *De l'amour* soit traduit et publié aux États-

---

1. Ouvrage cité à la note 1 de la page 16.

2. *Élémens d'idéologie, V, Morale*, note finale, p. 595.

3. *Ibid.*, p. 596.

4. Voir la lettre de Destutt de Tracy à Luigi Chiaverini du 20 février 1817, publiée dans Melchiorre Delfico, *Opere complete*, Teramo, 1904, vol. 4, p. 234-236.

5. Né en 1754, Giuseppe Compagnoni est un prêtre défroqué acquis à la cause de la Révolution. Il a été directeur du *Mercurio d'Italia*, secrétaire général de la Confédération cispadane, député de Ferrare au congrès de Reggio Emilia et professeur de droit. On ignore s'il a pu faire la connaissance de Destutt de Tracy lors de son exil à Paris en 1799-1800, à la suite de l'occupation autrichienne. Après Marengo, il s'installe à Milan où il occupe les fonctions de secrétaire du Conseil d'Etat. Après la chute de l'Empire, il se consacre à l'étude et publie de nombreuses traductions. Il meurt en 1833.

6. Ouvrage cité à la note 4 de la page 10. À la différence des sept premiers volumes édités par Stella, les trois derniers contenant le *Trattato della Volontà e di suoi effetti* ont été publiés par un autre éditeur milanais, Giambattista Sonzogno. « Dell' Amore » figure dans le t. X paru en 1819.

Unis. Enfin, nous verrons qu'il donne à lire des copies du manuscrit à plusieurs de ses amis ou correspondants, parmi lesquels figure évidemment Bernardino Rivadavia dont nous exhumons l'exemplaire aujourd'hui.

Tout cela soulève au moins trois questions :

– pourquoi Destutt de Tracy a-t-il empêché la publication d'un chapitre entièrement rédigé et auquel il attachait manifestement beaucoup d'importance ?

– pourquoi en a-t-il autorisé la traduction et la publication en italien (puis souhaité l'édition en Amérique) ?

– en quoi a consisté en définitive la diffusion de ce texte ?

Pourquoi Destutt de Tracy n'a-t-il pas publié De l'amour *en français ?*

On pourrait penser qu'il a répondu lui-même à cette question dans une lettre à Jefferson datée du 22 février 1821[1] par laquelle il propose que la prochaine édition américaine de *A Treatise on Political Economy* soit complétée de la partie rédigée de la *Morale* : « Je désirerais bien que dans la nouvelle édition que vous me faites espérer on voulût faire le même honneur au 1er chapitre du 5e volume consacré à la morale. Si telle [*sic*] était aussi votre avis, je serais bien aise que l'on joignît à ces premiers chapitres le second qui traite de l'amour. Je n'en ai imprimé dans l'édition française que les premières lignes, mais il est fait tout entier depuis longtemps et si je ne l'ai pas publié, c'est par une sorte de timidité de faire confidence entière à tout ce qui m'entoure de mes sentimens les plus secrets sur certains objets. N'éprouvant pas le même embarras dans l'éloignement, je l'ai laissé imprimer dans la

---

1. Lettre publiée dans Gilbert Chinard, ouvrage cité à la note 1 de la page 14, p. 208-211.

traduction italienne et j'avoue que j'y attache quelque importance d'abord parce qu'il est un échantillon de la manière dont
je voulais parler de toutes nos passions l'une après l'autre et
ensuite parce qu'il me paraît qu'on en peut tirer des conséquences importantes pour la législation. Je me figure d'ailleurs
qu'il pourrait paraître moins étrange à votre sage nation qu'à
toute autre. Dans cette confiance je prends la liberté de vous en
envoyer ci-joint une copie manuscrite. Si vous l'approuvez, je
vous la recommande. Si vous la condamnez, je vous prie de la
jeter au feu. Je l'abandonne ».

Ce fragment de lettre est riche d'enseignement en ce qu'il
nous dit à la fois toute l'importance de ce texte pour son auteur
et la volonté de ce dernier de le faire connaître au-delà des
frontières et en particulier dans les pays « éclairés ». En
revanche, l'argument suivant lequel c'est à sa « timidité », à
sa répugnance à dévoiler ses « sentimens les plus secrets »,
qu'il faudrait attribuer son refus de publier ce chapitre en
France n'est pas vraiment convaincant[1]. La lecture de *De
l'amour* nous livre en effet bien peu de sentiments intimes et
il est clair qu'il faut chercher ailleurs les véritables raisons
de la décision de Destutt de Tracy.

Plusieurs éléments nous mettent sur la voie :

– Tout d'abord, dans une note de l'édition italienne absente
du manuscrit français[2], le philosophe indique qu'en 1813
« beaucoup de motifs auraient empêché de […] laisser imprimer [ses propos] ». Il dit aussi à plusieurs reprises dans son
texte la conscience qui est la sienne d'aller trop loin, de tenir

---

1. G. Chinard, dans l'introduction à sa traduction de *De l'amour* n'est pas
non plus convaincu : « Le prétexte […] donné […] paraît, à la lecture, assez peu
fondé » (ouvrage cité à la note 3 de la page 10, p. VII).
2. Voir notre note 1 du paragraphe 43 du texte de Tracy.

des propos inacceptables ou en tout cas inaudibles pour la société française de son temps : « J'en ai déjà trop dit, car le sort de ceux qui traitent des sujets si délicats [...] est de persuader peu de personnes, d'en choquer beaucoup » [1] ; « Ces expressions paraîtront séditieuses » [2] ; « Je sens qu'ici je vais faire jeter les hauts cris, révolter tous les préjugés » [3].

– Par ailleurs, peu après la sortie en décembre 1815 de l'édition française du *Traité de la volonté et des ses effets*, voici comment il présente les choses à son ami Dupont de Nemours : « Mon maudit imprimeur vient malgré ma répugnance de publier mon quatrième volume et un commencement du cinquième dont j'avais déposé le manuscrit chez lui avec une note finale, parce que c'est tout ce que j'ai fait et ferai jamais. Seulement j'ai obtenu qu'il n'en fût pas parlé dans aucuns journaux, voulant vivre et mourir en paix désormais » [4].

– Enfin, dans une lettre à Claude Fauriel écrite en 1820, il lâche : « Je n'ai pas voulu [...] risquer [*De l'amour*] dans l'édition française et m'exposer à le voir et à l'entendre continuellement discuté et déchiré autour de moi » [5].

Si Destutt de Tracy se refuse à publier le chapitre « De l'amour » en français, c'est bien parce qu'il ne veut pas être à l'origine de polémiques publiques et se comporter en provocateur. Il n'est certes pas homme à renier ses convictions, mais

---

1. *De l'amour*, § 79.
2. *Ibid.*, § 45.
3. *Ibid.*, § 59.
4. Lettre du 30 janvier 1816, publiée dans G. Chinard, ouvrage cité à la note 1 de la page 14, p. 157-158. C'est par erreur que Chinard la date du 10 janvier. Dans une lettre à Jefferson du 4 février suivant, Tracy indique que l'on vient d'imprimer l'ouvrage « presque sans son aveu » (*ibid.*, p. 165-166).
5. Lettre du 7 octobre 1820, Bibl. de l'Institut, fonds Fauriel, Ms. 2327, n° 2, pièce 465.

il a aussi toujours considéré qu'il était vain de s'enfermer dans une posture d'incompris radical. Déjà sous l'Empire, lorsqu'il s'était posé la question de la publication du seul volume d'*Économie*, il était arrivé à la même conclusion : « Quand [bien même] on [en] permettrait [la publication][1], je ne le voudrais pas, non seulement parce que je craindrais qu'on m'en sût mauvais gré, mais encore parce que je pense qu'un bon citoyen ne doit dire que ce qu'il croit la vérité, mais doit être très réservé à la dire quand elle peut passer pour la critique d'un gouvernement sur lequel il n'a point de moyen légal d'agir »[2]. S'ajoutent à cela deux phénomènes qui, en cette fin d'année 1815, ne peuvent que renforcer cet état d'esprit. Tout d'abord, à la différence de plusieurs de ses amis qui s'étaient compromis pendant les Cent-Jours en croyant ou en faisant semblant de croire à la conversion de l'empereur aux idées libérales et démocratiques, Tracy s'était défié de ces illusions et avait continué de voir dans la Charte, eu égard aux circonstances, un compromis acceptable à défaut d'être satisfaisant. Cette attitude qui le fit placer sous surveillance policière pendant les Cent-Jours lui valut d'échapper à l'épuration de la seconde Restauration, de garder son fauteuil à l'Académie française et de retrouver son siège à la Chambre des Pairs. Dans ces conditions, bien que ses idées libérales ne fussent un secret pour personne, il n'était pas en situation d'attacher son nom à un texte qui n'aurait pu que susciter des réactions indignées. Le second élément de contexte à prendre en compte

---

1. Rappelons que l'édition faisait sous l'Empire l'objet d'un contrôle administratif sévère, exercé par la direction générale de l'imprimerie, créée par le décret du 5 février 1810.

2. Lettre à Jefferson du 15 novembre 1811, dans G. Chinard, ouvrage cité à la note 1 de la page 14, p. 99-101.

c'est que nous sommes à cette époque en pleine « Terreur blanche » : les nouveaux maîtres étaient évidemment bien peu enclins à accepter un discours mettant en cause à ce point la morale dominante.

Or, si les développements sur l'*Économie* peuvent être tolérés, ne serait-ce que parce qu'ils reprennent pour une part des idées que l'on a déjà lues chez Jean-Baptiste Say ou chez Malthus, si le premier chapitre de la *Morale* peut ne pas paraître subversif parce qu'assez abstrait ou « théorique », le chapitre sur l'amour – facile à lire de surcroît – est en revanche franchement explosif. Voilà en effet un texte qui dénonce avec virulence l'hypocrisie sociale liée au mariage, préconise une « extrême liberté » en matière amoureuse pour les jeunes gens et les jeunes filles, prône indulgence et compréhension à l'égard de ces dernières lorsqu'elles ont fait preuve de « faiblesse », et fait, pour finir, l'apologie de la loi du 20 septembre 1792 sur le divorce, loi votée – circonstance aggravante – après la chute de la monarchie et à la veille de la proclamation de la République. Dans le climat revanchard de la « Chambre introuvable », c'est plus que n'en pouvaient supporter les « bons esprits ». D'autant qu'il y a beaucoup plus grave : *De l'amour* ne ménage en effet ni la religion, ni les rois et les autorités politiques, ni « les parents », c'est-à-dire les mœurs les plus habituels. Qu'on en juge par ces quelques citations :

– « … la théologie, qui est la magie transcendante … »[1].

– « De là est venu le fanatisme sombre et farouche de tant de religions […]. De là tant de dieux nés d'une vierge ! »[2].

---

1. *De l'amour*, § 5.
2. *Ibid.*, § 7.

– « … le mariage […] est […] chez nous un sacrement, le signe visible, dit-on, d'une chose invisible, définition de toute la plus insignifiante et la plus incompréhensible, dont on se contente par un respect stupide ! » [1].

– « … il est plus raisonnable de faire des eunuques pour le harem d'un sultan que pour la chapelle d'un pape !! » [2].

– « … la presque totalité des hommes […] a croupi dans la superstition et dans la crapule, sa seule compagne ordinaire » [3].

– « Le comble de l'absurdité est de […] renfermer [les jeunes filles] et de les hébéter, comme dans les pays où il y a des harems et des couvents » [4].

– « Vraiment je vois bien d'où vient tant de démence. Les prêtres veulent dominer. Les autorités politiques veulent accoutumer à la soumission en tout genre. Les pères veulent être obéis, et faire de leurs enfans des instruments de leur cupidité, de leur vanité ou de leur ambition, en faisant par leur moyen des marchés avantageux. Les mères veulent cacher les défauts de leur marchandise qu'elles n'ont pas su rendre désirable pour un homme raisonnable … » [5].

– « … le bon ordre […] se montrera partout où l'autorité des prêtres, des rois et des pères ne se fera pas trop sentir » [6].

À la lumière de ces extraits, on comprend mieux que l'auteur qui voulait « vivre et mourir en paix désormais » n'ait pas souhaité publier son texte et provoquer disputes et polémiques. Et lorsqu'en 1818 ou en 1824 se pose la question

1. *Ibid.*
2. *Ibid.*, § 9.
3. *Ibid.*, § 13. Pour Destutt de Tracy, superstition et religion sont deux mots synonymes.
4. *Ibid.*, § 41.
5. *Ibid.*, § 42.
6. *Ibid.*, § 45.

de la réédition en France du *Traité de la volonté et de ses effets*, il ne change pas d'avis [1].

En fin de compte, on aura compris que ce chapitre écrit en 1813, c'est-à-dire au crépuscule d'un empire autoritaire qui avait renoué avec l'ordre moral et à la veille d'une restauration nostalgique et bien-pensante, était, au moins pour la France, à rebours de son époque. Il exprime en effet une fidélité à plusieurs des idées et valeurs de la décennie révolutionnaire : on y retrouve l'athéisme de l'*Analyse de* L'Origine de tous les cultes *par le citoyen Dupuis* [2] que Tracy avait écrit en 1795, l'apologie de la loi de 1792 sur le divorce par consentement mutuel et pour incompatibilité d'humeur, ainsi que l'écho de la liberté des mœurs du Directoire qui succéda à la vertu puritaine de la Convention jacobine. Ce n'est donc nullement un hasard si l'auteur a explicitement inscrit *De l'amour* dans la filiation du mémoire qu'il publia dans *Le Mercure français* en 1798 : *Quels sont les moyens de fonder la morale d'un peuple ?* [3]. Ce petit texte qui avait pour objet de prôner une morale républicaine qui ne fût ni un catéchisme ni un simple appel à la célébration des cérémonies publiques (culte déca-

---

1. On ne saurait donc partager l'affirmation d'Anne Deneys-Tunney, dans « La République des femmes dans le *De l'amour* de Destutt de Tracy », article cité à la note 2 de la page 22, suivant laquelle « l'éclipse de ce mémoire [tiendrait] aux obscurités de l'économie textuelle interne du système idéologique » [?] et « cette présence-absence de l'amour dans l'architecture du système idéologique est un fait textuel qui témoigne d'une difficulté philosophique » (p. 72-73). Tout indique au contraire que la non publication du chapitre n'est pas imputable à des difficultés d'ordre théorique mais bien à l'environnement politico-intellectuel de l'époque.

2. Destutt de Tracy, *Analyse de* l'Origine de tous les cultes *par le citoyen Dupuis, et de l'*Abrégé *qu'il a donné de cet ouvrage*, Paris, Agasse, an VII.

3. Ouvrage cité à la note 2 de la page 18.

daire, etc.) comportait d'ailleurs un court paragraphe sur
l'amour et le mariage qui annonce déjà les développements
futurs : «On prouvera aisément qu'un homme, pour être
heureux, doit tâcher d'avoir une compagne qui lui convienne
et des enfants qui lui ressemblent; mais la seule loi du divorce
anéantit les trois quarts des mariages d'intérêt, maintient
l'union dans les autres par la possibilité de les rompre, et
améliore toutes les éducations par la bonne intelligence des
parents» [1]. Mais ce qui était audible lorsque les Thermidoriens étaient au pouvoir ne l'était plus, surtout exprimé sous
une forme beaucoup plus virulente, quinze années plus tard.
Comme l'a écrit Georges Gusdorf : «Malheureusement,
pendant la majeure partie de sa carrière, Tracy, penseur
d'opposition, prend son temps à contretemps, sans parvenir à
être prophète en son pays» [2].

Pourquoi en a-t-il autorisé la publication en italien ?

Destutt de Tracy n'a jamais douté que l'Idéologie, tout
simplement parce qu'elle était vraie, finirait par triompher. Il
en vint toutefois à considérer que la France, oublieuse de la
glorieuse tradition des Lumières qu'elle avait pourtant si bien
servie, capable de porter aux nues les billevesées du *Génie du
christianisme* au moment même où elle supprimait la classe
des sciences morales et politiques de l'Institut, mettrait du
temps à retrouver ses esprits et qu'en attendant il convenait
d'adopter une stratégie de contournement. D'où l'intérêt

---

1. *Ibid.*, p. 464-465 de l'édition Desoer de 1819.
2. Georges Gusdorf, *La Conscience révolutionnaire, les Idéologues*, Paris,
Payot, 1978, p. 34.

qu'il porte aux multiples éditions en langues étrangères de ses *Élémens d'idéologie*, dont il tient un compte attentif.

Mais cela n'explique pas pourquoi il donne au public italien le chapitre qu'il a refusé à ses concitoyens. La raison en est simple : il a à l'évidence considéré que là où il n'occupait pas une position établie (Pair de France, académicien) ses idées seraient reçues pour elles-mêmes, sans que la qualité de l'auteur fût incriminée. De fait, la publication du chapitre « De l'amour » à la fin d'une édition en 10 volumes des *Elementi d'ideologia* passa sinon inaperçue[1], du moins sans provoquer de « mouvements divers » et, de côté-ci des Alpes, personne ne fit le lien entre le texte et le comte de Tracy, personnalité en vue, quoique non ostentatoire, de l'opposition libérale. À cette époque et encore longtemps après, tout le monde restait convaincu que ce chapitre n'avait jamais été achevé, ainsi qu'on pouvait le déduire de la « Note finale » du *Traité…* publié en 1815.

Reste une question : les formules dont nous avons cité quelques échantillons et qui étaient de nature à choquer en France n'allaient-elles pas choquer tout autant en Italie ? Tracy lui-même s'interroge à ce sujet dans une lettre à Stendhal qui a eu accès à l'édition milanaise : « M. Compagnoni l'a mis [*De l'amour*] dans sa traduction italienne, mais je ne sais s'il a bien compris tout ce que je prétendais en dire ni s'il a *osé* le transcrire »[2]. Si le traducteur a manifestement saisi le sens du

---

1. Dans sa *Vita letteraria* publiée à Milan en 1834, G. Compagnoni déplore le peu d'écho que rencontra la publication des *Elementi d'Ideologia* en Italie. Voir Yves du Parc, « Destutt de Tracy, Stendhal et *De l'amour* », *Stendhal Club*, n° 8, 1960, p. 336.

2. Lettre du 25 septembre 1821, citée à la note 1 de la page 18. C'est nous qui soulignons.

texte, il ne fait pas de doute en revanche qu'il a pris soin
« d'arrondir les angles », à la fois en raison de la volonté qui
était la sienne de réconcilier l'Idéologie avec le spiritualisme
chrétien[1] et pour tenir compte du degré d'acceptabilité du
chapitre par la société. Il est en effet instructif de comparer de
ce point de vue le texte original et la traduction de la traduction. La plupart des formulations les plus accusatrices de
la religion, des autorités ou des mœurs, les expressions les
plus provocatrices, présentes dans le premier, sont souvent
absentes de la seconde ou fortement adoucies. Ainsi l'évoca-
tion du « fanatisme sombre et farouche » des religions, l'ironie
sur les « dieux nés d'une vierge » ou sur « le respect stupide »
dû aux sacrements disparaissent-ils dans la traduction[2]. Il en
va de même pour les affirmations suivant lesquelles « les
prêtres veulent dominer. Les autorités politiques veulent
accoutumer à la soumission en tout genre »[3]. N'est pas non
plus traduit ce passage virulent : « La superstition qui est,
comme le dit Saint-Lambert, la crainte des puissances
invisibles est une maladie mentale, naturelle aux hommes
faibles et ignorants, à laquelle ils sont exposés principalement
quand ils sont fortement émus et troublés. Les prêtres, qui
règnent par elle, ont saisi ce moyen de tirer parti du plus violent
de nos penchants pour nous asservir »[4]. Dans d'autres cas, les
termes on été sensiblement édulcorés, comme en témoignent
ces quelques exemples :

---

1. Voir Emmet Kennedy, ouvrage cité à la note 2 de la page 10, p. 241.
2. *De l'amour*, § 7.
3. *Ibid.*, § 42.
4. *Ibid.*, § 62.

Texte original	Traduction Chinard
[§ 9] « il est plus raisonnable de faire des eunuques pour le harem d'un sultan que pour la chapelle d'un pape ».	« il est plus raisonnable de faire des eunuques pour le sérail que des castrats pour les théâtres et les chapelles, comme, à notre honte, la coutume en a existé en Italie jusqu'à ces derniers temps ».
[§ 45] « le bon ordre […] se montrera toujours partout où l'autorité des prêtres, des rois et des pères ne se fera pas trop sentir ».	« on le trouvera [ce bon ordre] partout où l'autorité ne se fait pas trop fortement sentir ».
[§ 70] « Si l'on ne savait pas que nos sages législateurs ont eu le plus grand désir de rendre le lien conjugal très respectable, on croirait qu'ils n'ont eu d'autre projet que de le rendre haïssable. Ils n'ont en effet rien négligé pour y réussir ».	« Les législateurs des nations qui se disent civilisées ont certainement eu un vif désir de rendre respectable le lien du mariage. Ils n'ont cependant pas tous réussi à arranger les choses de façon à obtenir à coup sûr le résultat qu'ils s'étaient proposé : dans certains cas même, les moyens qu'ils ont choisis ont souvent produit un effet tout contraire ».

On peut donc en conclure que le temps n'était pas propice à la publication en Europe de la version originale dans son intégrité : en France, l'auteur ne s'y risqua pas ; en Italie, le traducteur, s'il restitua l'essentiel, s'autocensura en amodiant les propos les plus susceptibles de choquer. Cependant, Stendhal qui, comme nous le verrons plus loin, eut le privilège de lire à la fois le manuscrit en français et la traduction en italien, a pu dire que G. Compagnoni n'avait pas dénaturé le texte. Dans une lettre à Stendhal du 10 octobre 1821, Tracy indique en effet : « Vous me faites grand plaisir en me disant que ce pauvre *Amour* n'a pas trop souffert des griffes de la censure autrichienne » [1].

Nous avons vu que Jefferson avait été sollicité en 1821 par Destutt de Tracy de publier le chapitre « De l'amour » aux États-Unis. L'éloignement ne risquait pas en effet de troubler la tranquillité de l'auteur qui considérait en outre la société américaine suffisamment avancée pour comprendre, mieux que d'autres, la vérité et la modernité de ses vues. On ignore quelle fut la position exacte de l'ancien président sur cette requête qui n'eut aucune suite. Il est probable cependant, comme l'explique Gilbert Chinard dans son introduction à sa traduction, que le puritanisme régnant encore outre-Atlantique interdisait une telle publication et que Jefferson n'entendait pas « soulever contre lui les prêcheurs et les moralistes déjà assez mal disposés à son égard » [2].

En quoi a consisté en définitive la diffusion de ce texte ?

Inédit en France, passé pour une large part inaperçu en Italie [3], non publié aux États-Unis par Jefferson, *De l'amour* semblait ainsi promis à ce que Marx a appelé la critique rongeuse des souris. Destutt de Tracy s'était fait une raison de ce que ce texte ne serait pas publié en France de son vivant et n'attendait plus de son pays, séduit chaque jour davantage par les mirages d'une métaphysique spiritualiste (Degérando,

---

1. Lettre publiée par A. Doyon et M.-A. Fleury, article cité à la note 2 de la page 10, p. 128.

2. Gilbert Chinard, ouvrage cité à la note 3 de la page 10, p. IV.

3. Comme le rappelle G. Chinard, *ibid.*, p. VI-VII, les spécialistes de Stendhal ignorèrent longtemps l'existence de ce texte.

Laromiguière, Royer-Collard, Maine de Biran, Cousin, Jouffroy), qu'une reconnaissance posthume. En revanche, sa correspondance nous apprend qu'il confiait fréquemment ses manuscrits ou des copies de ceux-ci, soit pour recueillir l'avis de ceux de ses amis dont il appréciait le jugement, soit parce qu'il savait que tel ou tel travaillait sur un sujet voisin du sien. Sa belle-fille, Sarah Newton Destutt de Tracy, l'épouse de son fils Victor, le confirme dans sa *Notice sur M. Destutt de Tracy*[1] lorsqu'elle évoque « ses manuscrits qu'il prêtait volontiers et qu'on copiait de même. Dès qu'il apprenait que quelqu'un s'occupait sérieusement des questions qu'il traitait lui-même, il envoyait aussitôt à cette personne ses notes si fines, si pleines de méthode et d'idées »[2]. S'il fut, pour des raisons évidentes, plus prudent avec *De l'amour* qu'avec d'autres écrits, nous savons néanmoins qu'il en distribua plusieurs copies.

Outre Jefferson et Rivadavia, les destinataires identifiés de ces copies ont été Claude Fauriel, Defendente Sacchi, Stendhal et bien sûr Sarah Newton, mais il est très vraisemblable qu'il y en a eu d'autres parmi les amis, familiers ou correspondants du philosophe. Tracy, qui faisait toujours grand cas des conseils et avis de Fauriel[3], lui adresse ainsi le

1. Sarah Newton Destutt de Tracy, ouvrage cité à note 2 de la page 9, p. 7.
2. *Ibid.*, p. 24.
3. Né à Saint-Étienne en 1772, Claude Fauriel épouse, au sortir d'études chez les oratoriens, la cause de la Révolution et occupe diverses fonctions au sein de la municipalité de sa ville natale qui le conduisent, le 20 prairial an 2, à y prononcer le discours de la Fête de l'Être suprême. Envoyé comme élève à l'École normale de l'an 3, il manifeste avant tout un goût prononcé pour l'étude qui, en définitive, le détournera d'un engagement politique actif. Collaborateur de Fouché au ministère de la police de 1799 à 1802, il raconte la chute de la République dans *Les Derniers jours du Consulat*, ouvrage qui ne sera publié qu'en 1889. Proche de Mme de Staël et des Idéologues (il est le destinataire de la *Lettre à M. F. sur les causes premières* de Cabanis), il se lie en 1802 avec

7 octobre 1820, un exemplaire de « la traduction de la 4ᵉ et de la 5ᵉ partie de mes *Élémens d'idéologie* que m'envoie Mr Compagnoni » et ajoute : « Enfin, Monsieur, puisque je dois paraître sous vos yeux passant par la main d'un traducteur et d'un traducteur gêné par la censure politique et religieuse j'attache beaucoup d'intérêt à ce que vous me voyiez aussi en déshabillé. C'est pourquoi dussé-je vous fatiguer de moi jusqu'à satiété je vous envoie encore ci-joint le manuscrit du chapitre second de mon tome 5ᵉ lequel traite de l'amour et paraît pour la première fois dans l'édition italienne … »[1].

En ce qui concerne Defendente Sacchi[2], jeune philosophe désireux de faire traduire et publier en italien diverses œuvres du chef de file des Idéologues qui n'avaient pas été éditées par G. Compagnoni, Tracy demande en 1821 à Stendhal de bien vouloir jouer le rôle d'intermédiaire : « C'est l'original de ce morceau [*De l'amour*] que je voudrais faire passer à M. Deffendente Sacchi, et je vous en aurais une grande

Mme de Condorcet avec laquelle il vivra jusqu'à la mort de celle-ci en 1822. Avec les deux sœurs Grouchy, veuves l'une (Sophie) de Condorcet, l'autre (Charlotte) de Cabanis, il fait partie des proches de Destutt de Tracy avec qui il échange correspondances, livres et idées. À partir de 1804, il travaille à une monumentale « Histoire du stoïcisme » qui ne sera jamais publiée puis délaisse la philosophie pour se consacrer aux civilisations, langues et littératures méridionales. Ses travaux fourniront la matière de ses cours à la faculté des lettres où il est nommé à la chaire de littérature étrangère et déboucheront sur la publication de l'*Histoire de la Gaule méridionale* en 1836 et de nombreux ouvrages posthumes. Il est élu à l'Institut en 1836 (académie des inscriptions et belles-lettres). Il meurt à Paris en 1843.

    1. Lettre citée à la note 5 de la page 30.

    2. Né à Pavie en 1796, auteur d'une *Storia della filosofia greca* (1818-1820), Defendente Sacchi dirigeait par ailleurs avec Luigi Rolla et Giuseppe Germano une monumentale *Collezione dei clàssici metafisici* dans laquelle plusieurs textes de Tracy encore inédits en italien paraîtront entre 1822 et 1826.

obligation de m'en procurer le moyen [1] » ; « Je prends donc la liberté de vous envoyer ci-joint une lettre pour le docteur Deffendente Sacchi et avec elle cet éternel chapitre *De l'amour* que vous traitez avec tant d'indulgence » [2].

Mais de tous les premiers lecteurs, c'est évidemment Stendhal qui a fait l'objet de la sollicitude des historiens. À la suite d'un examen rigoureux des textes, Victor Del Litto [3] a établi de façon indiscutable que Stendhal a pris connaissance du texte français en 1818, c'est-à-dire avant de lire la traduction italienne qui, rappelons le, n'est sortie des presses qu'en 1819 avec le dixième et dernier volume des *Elementi d'ideologia*. On peut en déduire que Tracy, dont la première rencontre avec l'auteur du *Rouge et le Noir* remonte au 4 septembre 1817, confia assez vite une copie de *De l'amour* à son jeune admirateur. La suite est connue : la lecture par Stendhal de ce chapitre est contemporaine de sa passion – malheureuse parce que non réciproque – pour Mathilde Dembowski et débouche, à la fin de l'année 1819 et à la suite d'un cheminement compliqué, sur sa décision de rédiger son propre *De l'amour*. Il le définit comme « un livre d'idéologie » [4], s'attache à lui donner une forme « scientifique » et évoque fugitivement à deux reprises Destutt de Tracy [5], alors qu'il s'agit en réalité d'un

1. Lettre du 25 septembre 1821, publiée dans A. Doyon et M.-A. Fleury, article cité à la note 2 de la page 10, p. 126.

2. Lettre du 10 octobre 1821, *ibid.*, p. 128.

3. *La Vie intellectuelle de Stendhal, genèse et évolution de ses idées, 1802-1821*, Paris, PUF, 1962, p. 638-642.

4. Stendhal, *De l'amour*, chap. III.

5. *Ibid.*, chap. LV : « Je ne leur proposerai certainement pas de lire Grotius ou Pufendorf depuis que nous avons le commentaire de Tracy sur Montesquieu » et chap. LVIII : « L'auteur avait lu un chapitre intitulé *Dell Amore* dans la traduction italienne de l'*Idéologie* de M. de Tracy. Le lecteur

ouvrage très largement autobiographique[1]. Le livre, publié sans nom d'auteur chez Mongie au cours de l'été 1822, passa totalement inaperçu. Lorsqu'il le reçut en hommage, Destutt de Tracy adressa à Stendhal une lettre aimable et d'humeur badine, mais qui ne dissimulait guère, pour peu qu'on sût lire entre les lignes, que le vieux philosophe ne prenait pas l'ouvrage au sérieux. Non seulement Tracy déclarait qu'il n'entendait pas bien « l'analogie de l'amour et de la cristallisation » mais surtout il ajoutait : « votre livre est plein d'idées et fait beaucoup rêver »[2]. Or, « faire rêver » n'a jamais été, pour un Idéologue, un critère de vérité ni un compliment. Comme l'a écrit Victor Jacquemont à Stendhal dans une lettre du 22 décembre 1825 : « M. de Tracy […] n'a jamais cru et ne croit pas encore que vous ayez écrit ce livre *sérieusement* »[3]. Quant à Sarah Newton, dans la *Notice…* consacrée à son beau-père, elle dit les choses encore plus nettement : « M. de Tracy se lia avec M. de Stendahl [*sic*], qui n'était autre que l'auteur de *Rouge et Noir*; mais ils se brouillèrent bientôt à cause du

trouvera dans ce chapitre des idées d'une bien autre portée philosophique que tout ce qu'il peut rencontrer ici ».

1. « *De l'amour* [de Stendhal] est la confession d'un sentiment actuel saisi sur le vif, mais où tout le contingent, l'accidentel s'estompe au profit d'une réalité plus profonde. Loin d'être une lourde et artificielle superstructure, le recours au masque permet à Stendhal de mieux descendre dans son âme, de mieux la mettre à nu. *De l'amour*, tout imprégné du charme subtil et inépuisable des choses secrètes, donne la clef de la vraie personnalité de Stendhal » (Victor Del Litto, Introduction à *De l'Amour*, Paris, Gallimard, 1980). On ne saurait mieux dire que l'ouvrage n'est pas « un livre d'idéologie ».

2. Lettre du 3 septembre 1822, publiée dans A. Doyon et M.-A. Fleury, article cité à la note 2 de la page 10, p. 132-133. On en trouvera le texte en appendice.

3. Stendhal, *Correspondance générale*, éditée par Victor Del Litto, t. 3, Paris, Champion, 1999, p. 552. C'est V. Jacquemont qui souligne.

livre de cet écrivain sur la théorie de l'amour démontrée par la *cristallisation*, qui était l'*idéologie* de M. de Stendahl. M. de Tracy essaya de lire cet ouvrage, n'y comprit rien, et déclara à l'auteur que c'était absurde »[1]. Sans doute est-il excessif de parler de « brouille », puisque la lettre accusant réception du livre est chaleureuse et que Stendhal fréquenta encore longtemps le salon de la rue d'Anjou où Tracy recevait tous les dimanches, mais il ne fait pas de doute que le philosophe ne rendait pas à son « disciple » l'admiration que celui-ci lui portait depuis qu'en 1804 il avait découvert l'Idéologie. Les *Souvenirs d'égotisme* se font l'écho de cette incompréhension.

En définitive, c'est la *Notice...* de Sarah Newton qui constitue le principal vecteur de la diffusion en langue française du *De l'amour* de Tracy au XIXᵉ siècle, dans la mesure où cette brochure parue en 1847, reprise ensuite dans ses *Essais divers, lettres et pensées*, en comprend un résumé assez détaillé d'une douzaine de pages, très proche du plan original avec ici et là des passages presque intégralement recopiés du manuscrit. Même si une forme de spiritualisme chrétien l'éloigne de son beau-père et si elle défend une thèse différente sur le divorce, Sarah Newton restitue très fidèlement le texte initial. Cette publication n'était toutefois pas de nature à faire sortir le manuscrit – à l'époque encore conservé au château familial de Paray-le-Frésil – de son long sommeil, d'autant que le père de l'Idéologie avait lui-même sombré dans l'oubli. Et lorsque François Picavet dans sa thèse célèbre soutenue en 1891 sur *Les Idéologues* s'attache à réinscrire Destutt de Tracy dans l'histoire de la philosophie, il ne soupçonne pas l'existence du fameux chapitre, allant jusqu'à penser, contre toute

---

1. Ouvrage cité à la note 2 de la page 9, p. 80. C'est Sarah Newton qui souligne.

évidence, que « son disciple Stendhal »[1] se serait vu confier par le maître la tâche que celui-ci n'avait pu mener à bien. Il faudra attendre 1926 pour que Gilbert Chinard, éditant la correspondance de Jefferson, en vienne à exhumer et traduire la traduction italienne, faute d'avoir pu mettre la main sur la copie adressée à l'ancien président.

IV. L'APPORT DE LA VERSION ORIGINALE

Que cela tint à un choix intellectuel propre, à la volonté de ne pas provoquer la censure autrichienne ou plus simplement à celle de ne pas choquer les lecteurs, Giuseppe Compagnoni avait – nous l'avons dit – pris le parti d'adoucir ou même de supprimer diverses formulations hostiles à la religion, aux autorités ou à la morale dominante. Mais, plus profondément, il convient de s'interroger sur les différences qui peuvent exister entre les deux versions et sur l'apport du texte issu de la plume de Tracy par rapport à la double transformation que lui a fait subir une traduction de traduction. C'est d'autant plus légitime que dans son introduction, Gilbert Chinard souligne la difficulté de son entreprise : « Le texte italien lui-même est souvent loin d'être clair ; les phrases sont lourdes et embarrassées, les changements de construction abondent, et la terminologie est en plus d'un endroit fort discutable »[2]. Constatant que la *Notice...* de Sarah Newton contenait un résumé fidèle du chapitre en question, il décide de prendre appui sur celle-ci

---

1. François Picavet, *Les Idéologues*, Paris, Alcan, 1891, p. 395. Sans doute n'est-il pas impropre de qualifier d'une façon générale Stendhal de « disciple » de Tracy, à ceci près qu'en l'espèce Beyle aurait été la dernière personne à laquelle Tracy aurait pensé pour être son interprète sur un tel sujet.

2. Ouvrage cité à la note 3 de la page 10, p. VI.

afin de restituer au mieux ce qui lui semble exprimer le plus exactement la pensée de Tracy : « Nous avions ainsi une sorte de résumé contenant les principaux termes techniques dont s'était servi notre auteur et un fil conducteur pour nous guider dans les obscurités du texte italien » [1].

Si toute traduction redoublée est par construction sujette à caution, il est inversement légitime de soulever aussi la question de la valeur de la copie adressée à Rivadavia. Non qu'il y ait le moindre doute en ce qui concerne son authenticité. En revanche, l'habitude qu'avait Destutt de Tracy de multiplier les copies de ses écrits comporte en elle-même un risque de voir se multiplier les divergences entre les différents exemplaires. Ce risque est d'autant plus avéré que Tracy confiait ce travail de copie à son secrétaire [2] et que, devenu quasiment aveugle à partir de 1814, il n'était pas même en état d'en effectuer la relecture et d'en vérifier l'exactitude. La confrontation des premiers paragraphes du chapitre « De l'amour » du volume 5 du *Traité de la volonté et de ses effets* tel qu'il fut publié en 1815, dont on peut penser que les épreuves furent relues et contrôlées, avec les premiers paragraphes du manuscrit de Buenos-Aires nous confirme dans l'idée que le copiste, dans sa hâte, a pris de petites libertés avec le texte initial [3], et cela d'autant plus qu'il travaillait certainement à partir d'une copie qui elle-même pouvait de pas être irréprochable. Il faut savoir en effet que, dans sa lettre à Claude Fauriel du 7 octobre

---

1. *Ibid.*

2. L'écriture du manuscrit de Buenos-Aires n'est pas à l'évidence celle de Destutt de Tracy.

3. Voir les variantes du manuscrit signalées dans les *notes de l'éditeur* pour les paragraphes [1] à [3] : *fadeur* (imprimé) est devenu *froideur* (manuscrit), *sentir* est devenu *ressentir*, économie *animale* est devenu économie *morale*, etc.

1820, Tracy indique à son correspondant qu'il ne peut lui adresser qu'une copie de *De l'amour*, car, dit-il, « je ne suis pas sûr d'en avoir conservé la minute »[1]. Il est donc plus que vraisemblable qu'il existait entre les différentes copies de menues variantes, ce que confirme le fait que la traduction italienne comprend quelques notes absentes de la copie de Rivadavia. Nonobstant cette faiblesse, nous pouvons cependant considérer que le manuscrit de Buenos-Aires nous donne accès à un texte extrêmement proche de celui qui fut écrit par son auteur.

Dans ce contexte, il faut souligner que la version italienne traduite avec scrupule par Gilbert Chinard restitue assez fidèlement le sens général du *De l'amour* de Destutt de Tracy. Nous devons toutefois évoquer, à travers quelques exemples, les divergences que l'on peut observer d'une version à l'autre. Passons rapidement sur de petites bizarreries qui ne prêtent pas à conséquences[2] ou sur des embarras de traduction qui conduisent à des périphrases, des digressions ou des imprécisions. Notons également des écarts de termes : *vanités* [§ 9] traduit par *folies*, *farouche* [§ 12] par *cupide*, *sensations* [§ 29] par *sentiments*, *bonheur* [§ 31] par *consentement intime*, *étourderie* [§ 39] par *naïveté*, *chagrin* [§ 44] par *ennui et dégoût*. De même pouvons nous remarquer des gauchissements de sens : ainsi « j'ai été l'historien fidèle de nos erreurs » [§ 25] devient-il « j'ai été l'historien fidèle de nos coutumes » (même si, pour Tracy, nos coutumes ne sont souvent que l'expression de nos erreurs !).

---

1. Lettre citée à la note 5 de la page 30.

2. Ainsi, au § 49, la proposition de la version originale : « Les parents de la première [jeune fille] doivent [...] chercher à former sa raison », devient dans la traduction Chinard : « les parents de la jeune fille *parisienne* [?] doivent [...] chercher à lui bien former la raison ».

Plus graves sont les contresens :

Texte original	Traduction Chinard
[§ 17] « Nous l'exigeons même des femmes ».	« les femmes même l'exigent ».
[§ 18] « Il n'est pas nécessaire pour que l'amour soit intéressant, touchant et bienfaisant qu'il soit une fureur ».	« Puisque l'amour intéressé réussit, qu'il est un bienfait, il n'est pas nécessaire qu'il soit une fureur ».
[§ 47] « Avouons le, nous qui sommes vieux ».	« Admettons donc que nous sommes vieux »

Plus grave encore, le fait que plusieurs paragraphes tout à fait essentiels [23, 40, 41, 60] n'ont pas été traduits, de même que plusieurs passages parfois importants comme cette phrase du paragraphe [29] : « Si j'ai trouvé dans nos lois et nos institutions plus d'erreurs que dans nos cœurs, je m'en réjouis ; car les premières sont notre ouvrage que nous pouvons changer, au lieu que nos sentiments sont celui de la nature qui est immuable ». On relève d'autres lacunes aux paragraphes [45, 59, 62, 66 et 79].

Ainsi, si la version *princeps* du chapitre *De l'amour*, celle qu'aurait éditée Destutt de Tracy en 1815 s'il avait alors décidé de publier son écrit en France, est probablement perdue pour toujours, la copie qu'en reçut Bernardino Rivadavia dans les années 1820 peut à défaut être désormais considérée comme la version de référence.

V. Principes d'édition du texte

Cette version, quoique recopiée de façon assez soignée par un secrétaire, prend sans doute, nous l'avons dit, de menues libertés avec le texte rédigé initialement par Destutt de Tracy.

Quelques mots sont oubliés. D'autres sont mal recopiés dans les trois premiers paragraphes, ce qui est aisé à observer puisque nous pouvons comparer avec l'édition de 1815; d'autres encore sont mal recopiés dans le reste du texte, comme on peut le déduire d'une analyse rigoureuse, confirmée par l'examen de la traduction de Gilbert Chinard : *employer* au lieu d'*empêcher* [§ 31], *invisibles* au lieu d'*invincibles* [§ 63], *prépositions* au lieu de *propositions* [§ 79]. L'orthographe est parfois incertaine : *sympathie* est quelquefois écrit *simpathie*; *quant au projet* est écrit *quand au projet* [§ 26]. La ponctuation, enfin, est assez chaotique.

Pour l'établissement du texte, un travail d'homogénéisation était par conséquent indispensable et nous avons retenus les usages suivants :

– le début du chapitre reprend le texte de l'édition de 1815, qui fait autorité. Les variantes du manuscrit figurent en notes de l'éditeur.

– l'orthographe a été modernisée : ainsi *parens* est-il écrit *parents*, *enfans* est-il écrit *enfants*, etc.

– les mots ou lettres absents ont été restitués entre crochets […].

– les majuscules ont été conservées ou ajoutées seulement quand c'était nécessaire.

– les titres d'ouvrages, les citations et les mots soulignés dans le manuscrit ont été mis en italiques.

– les paragraphes ont été numérotés entre crochets […].

– les notes de l'auteur sont numérotées en lettres; les notes de l'éditeur sont numérotées en chiffres.

Claude JOLLY
Conservateur général des Bibliothèques

DESTUTT DE TRACY

DE L'AMOUR

C<small>HAPITRE SECOND</small>

DE L'AMOUR

> *L'amour était un dieu dans les temps héroïques.*
> *On en fait un démon chez nos vils fanatiques.*
> Voltaire[1]

[1] N'en faisons ni un dieu ni un diable. L'un appartient à la raison naissante, l'autre à la raison égarée. Ne voyons[2] dans l'amour que ce qu'il est, la plus précieuse de nos affections; et évitons en en parlant toute licence, toute fadeur[3], toute humeur

---

1. Destutt de Tracy reprend ici, en les déformant quelque peu, les vers de l'*Epitre* de Voltaire *à Melle Clairon* (1765) :
   L'amour, ce don du ciel, digne de son auteur
   Des malheureux humains est le consolateur.
   Lui-même il fut un dieu dans les siècles antiques
   On en fait un démon chez nos vils fanatiques.
2. Variante du manuscrit : Ne voyons *donc* dans l'amour …
3. Variante du manuscrit : toute *froideur*, toute …

pédantesque, tout enthousiasme[1]. Le besoin de la reproduction, au moins dans l'espèce humaine, est le plus violent de tous quand il se fait sentir[2] dans toute sa force. Il fait taire, dans certains moments, même celui de la conservation. La raison en est simple. Les organes destinés à le satisfaire sont si éminemment sensibles et ont des rapports si nombreux avec tous les autres, et notamment avec l'organe cérébral, que leur action absorbe toute la puissance sensitive de l'individu. Aussi leur plus ou moins d'énergie a la plus grande influence sur le caractère et sur le tempérament, et leurs lésions portent le trouble dans toute l'économie animale[3] et jusque dans les fonctions intellectuelles.

[2] D'ailleurs tous nos autres besoins peuvent se faire sentir dans les différents états de notre être, en santé comme en maladie ; ils nous causent même le plus souvent un sentiment de détresse ou de défaillance qui atteste l'insuffisance ou même la prostration de nos forces. Celui de la reproduction au contraire ne nous saisit que quand toutes nos facultés ont le développement le plus heureux et dans les instants de notre plus grande vigueur. Il nous en donne la conscience ; il l'exalte encore. C'est pour cela que ceux chez qui il est le plus fréquent et le plus dominant sont en général prompts et déterminés, et c'est sans doute aussi, pour le dire en passant, la raison secrète, et peut-être inaperçue par elles, pour laquelle les femmes

---

1. En récusant l'enthousiasme, Destutt de Tracy exprime la distance qui le sépare de Mme de Staël et la différence entre l'approche *idéologique* et celle des préromantiques du groupe de Coppet.

2. Variante du manuscrit : se fait *ressentir* dans …

3. Variante du manuscrit : économie *morale* et …

aiment tant les hommes audacieux et braves[a]. Nous ne devons donc pas être surpris de toute l'énergie d'un tel besoin, et qu'il soit plutôt une fureur qu'un désir. Cependant ce désir si véhément n'est point encore l'amour ; il n'en est qu'une partie, et pour ainsi dire la base.

[3] L'amour n'est pas seulement un besoin physique. C'est une passion, un sentiment, un attachement d'individu à individu. Même dans les êtres dont le moral est le moins développé, et jusque dans beaucoup d'animaux, il vit de préférence, il n'est pas toujours déterminé par la seule beauté : le plaisir d'aimer et d'être aimé y a autant et plus de part que celui de jouir[b]. La preuve en est que la jouissance forcée est très imparfaite ; elle est même physiquement pénible ; et la jouissance trop partagée ou trop facile est sans saveur, parce qu'elle ne prouve pas le sentiment. Le consentement est donc un de ses charmes, la *sympathie* est un de ses grands plaisirs. Chacun sait que cela est d'autant plus vrai que les idées sont plus multipliées et plus étendues, et les sentiments plus délicats et plus fins. Qu'est-ce donc que l'amour dans l'homme ayant atteint son développement ? C'est l'amitié embellie par le plaisir ;

a. Il en est de même des femelles de beaucoup d'animaux [1]. Il est visible que ce n'est pas uniquement par force que les poules et les biches se soumettent au vainqueur. Elles font plus ; elles se promènent [2], elles se parent pour aimer les combattants. C'est tout comme dans nos romans et nos poèmes :
Amour tu perdis Troie !!!
dit La Fontaine, à propos d'un coq. Il a raison, et il a bien souvent cette raison fine, profonde et gracieuse.

b. Médor l'emporte sur Roland, sa force et même sa gloire. Autre homme admirable que l'Arioste !! [3].

1. Variante du manuscrit : *Il en est de même de beaucoup d'animaux.*

2. Variante du manuscrit : elles se *promettent*, elles …

3. Cette note, présente dans le texte imprimé, ne figure pas dans le manuscrit.

c'est la perfection de l'amitié. C'est le sentiment par excellence auquel concourt toute notre organisation, qui emploie toutes nos facultés, qui satisfait nos désirs, qui réunit tous nos plaisirs; c'est le chef-d'œuvre de notre être.

[4] C'est pour cela même qu'on en a fait un dieu ou un démon, et qu'on en a presque toujours mal raisonné. On parle difficilement de sang-froid d'une si grande puissance. Quand[1] on la sent, on n'y réfléchit guère; quand on y réfléchit, on ne la sent presque plus, souvent même on n'y pense qu'avec amertume. La partie physique surtout nous tourne la tête, nous trouble la raison. On a fait de la jouissance quelque chose de *sacré*, comme de l'épilepsie avec laquelle elle a plus d'un rapport physiologique déjà connu, et avec laquelle on lui en trouvera peut-être toujours davantage à mesure que les mystères de notre organisation, et particulièrement le jeu secret de notre système nerveux, nous seront plus dévoilés. Car chez nous l'extrême mal et l'extrême bien se touchent par bien des points : tous deux détruiraient bientôt notre existence, s'ils étaient durables, et tous deux saisissent fortement notre imagination et sont encore agrandis par elle.

[5] L'amour est le sujet sur lequel elle s'est le plus exercée et sur lequel elle a le plus divagué, à proportion surtout que l'ignorance a été plus grande. On a fait de la virginité le plus précieux de tous les trésors; on a cru qu'il y avait quelque chose de divin, de sacré, dans une vierge. La difficulté de constater cet état si révéré a encore ajouté à son prix. Le reconnaître est devenu une science profonde, mystérieuse surtout, et

---

1. C'est ici que s'arrête le texte imprimé de l'édition française du *Traité de la volonté et de ses effets* publiée en 1815 par Destutt de Tracy. Commence à partir de là l'édition du manuscrit de Buenos Aires.

tenant à toutes les sciences occultes, c'est-à-dire imaginaires[c].
Si l'on avait cru *inspirée* une jeune fille se refusant aux plaisirs
de l'amour, on a cru *ensorcelé* l'homme ne pouvant en jouir.
L'une fut l'action de dieu, l'autre celle du diable, quoique
toutes deux reviennent au même. La médecine, qui est déjà
bien ridicule dans les temps d'ignorance, la magie qui n'est
qu'une médecine plus relevée, et la théologie qui est la magie
transcendante, s'occupèrent de l'état de ce dernier et furent
très respectées, quoiqu'ayant peu d'efficacité pour le guérir.
Par suite des mêmes idées, c'est-à-dire du même délire, on fit
plus universellement encore de la chasteté des femmes leur
première et presque leur unique vertu, quoique beaucoup
d'autres soient plus importantes au bien de la société et au
bonheur des individus; et tous ces préjugés ont régné également sur les deux sexes, peut-être même avec plus d'empire
sur celui qui en souffrait davantage, moins parce qu'en général
il était le plus faible, le plus mobile et le moins éclairé, que
parce que l'amour est presque son unique affaire et son seul
intérêt. Ce n'est pas, je crois, que ses désirs soient aussi véhé-
ments. En général, il ne provoque pas, il ne fait que consentir,
et il ne s'épuise pas de même dans la jouissance. Mais c'est
qu'à défaut de force, plaire est son seul moyen d'agir. C'est le
sentiment dont il a le plus de besoin. Aussi a-t-il en général
plus de délicatesse et de dévouement, tant il est vrai que notre
intérêt est la source de tout, même de notre générosité.

[6] Nos lois tant civiles que religieuses et nos mœurs, c'est-
à-dire nos habitudes, sont la conséquences de nos opinions. Il
était donc impossible que celles relatives à l'union de l'homme

---

c. Je ne crois pas qu'il y ait une plus sotte expression que celle de *science occulte!* C'est comme si on disait *un jour nocturne*.

et de la femme ne fussent pas presque partout absurdes jusqu'au ridicule ou à l'atrocité. C'est ce qui est arrivé.

[7] De là est venu que le fanatisme sombre et farouche de tant de religions a fait du célibat le plus inutile et le plus odieux, par ses conséquences, un état de perfection! De là le supplice abominable des vestales pour la faute la plus indifférente! De là le sacrifice horrible des veuves de l'Indostan pour un devoir imaginaire, lequel est moins l'effet d'une loi civile que d'une imposture religieuse pour hériter de ses victimes! De là tant de dieux nés d'une vierge! De là tant d'idées ridicules qui font croire qu'une femme est impure, quand sa santé est ce qu'elle doit être, ou quand elle a obéi au vœu de la nature en mettant au monde un enfant! Qu'un homme ne peut approcher des choses sacrées, quand il a joui des plaisirs les plus légitimes! D'où suivent ces ridicule cérémonies appelées purifications[d]. De là ces règlements presque universels dans toutes les nations qui font que le mariage, seul entre toutes les conventions humaines et qui devrait être la plus libre de toutes comme la plus gaie, est un esclavage sacré, un acte triste et religieux et chez nous un *sacrement*, le signe visible, dit-on, d'une chose invisible, définition de toutes la plus insignifiante et la plus incompréhensible, dont on se contente par un respect stupide! De là ces punitions atroces et dégoûtantes dans les temps barbares pour la femme adultère et pour son complice, qui font frémir la pudeur comme l'humanité! De là cet éloignement généralement répandu, et cette aversion de nos prêtres qui va jusqu'à la rage contre le *divorce*, le seul moyen doux et honnête de dénouer un engagement innocemment,

---

d. C'est une drôle de maxime qu'une lessive efface un crime. Ici, il n'y a point de crime. Cette belle maxime reviendra quand nous parlerons du repentir et par suite de l'expiation des fautes.

mais témérairement contracté. Nous y reviendrons. Voilà pour la partie des lois.

[8] Quant aux mœurs, qui souvent ne suivent les lois que de loin quand celles-ci s'écartent trop du vœu de la nature, ou qui y suppléent quand elles se taisent, elles sont également égarées par la même cause. Les sauvages du nord de l'Amérique me paraissent sur ce point les plus raisonnables des hommes, sans doute parce que leur imagination est la moins active. Ils laissent en général la plus grande liberté aux jeunes filles, et leur jalousie pour leurs femmes, est, ce me semble, très modérée. Ils n'ont avec elles que le tort de les maltraiter et d'en exiger des travaux trop pénibles. Mais ceci est un tort d'une autre espèce. C'est l'abus de la force, toujours très commun chez les hommes grossiers qui ne connaissent presque pas d'autre droit.

[9] Les Orientaux, au contraire, dont l'imagination est ardente, déréglée, mystique, (toutes les religions sont nées dans l'Orient, et il y en [n]aît encore de temps en temps) sont vraiment délirants sur l'article des femmes. Leur jalousie est et a toujours été furieuse. Là, la moindre entreprise qui seulement l'inquiète est un crime capital, le moindre soupçon, une cause légitime d'assassinat. Là, les filles sont enfermées. On ne peut pas seulement voir celle qu'on épouse. On l'achète de ses parents sans la connaître et sans que son consentement y soit pour rien. La tyrannie domestique est à son comble, comme la tyrannie politique, et elles se soutiennent réciproquement. Aussi il n'y a ni patrie, ni famille. L'État est une grande geôle que surveille un tyran, chaque maison est une prison de femmes où languit un homme inutile; de là vient la nécessité de la barbarie de l'esclavage domestique et de celle de la castration. Au reste, il est plus raisonnable de faire des eunuques pour le harem d'un sultan que pour la chapelle d'un pape!!

Telles sont les monstrueuses conséquences de la plus sotte de toutes les vanités portée à l'excès.

[10] Chez les anciens Grecs, sortis de l'Orient avec un esprit ingénieux, mais peu profond, tout ce système d'idées prit un autre tour. Ils ne s'élevèrent pas jusqu'à réduire le mérite de la chasteté des femmes à sa juste valeur. Ils conservèrent pour le mariage un respect superstitieux, il resta pour eux un lien sacré; il entra dans leur système religieux. Si leurs femmes ne furent pas précisément enfermées, elles vécurent très retirées; leur vertu fut très respectable sans doute, même trop, mais elles furent négligées, car leur société devint triste. Les hommes n'y trouvant pas d'agrément, et ayant besoin d'attachement, eurent recours à la subtilité. Ils exaltèrent, ils divinisèrent le charme de l'amitié. Leurs philosophes sont pleins d'exagération sur ce sujet; et même ils proclamèrent que les femmes ne sont pas capables de ce sentiment, qu'ils peignaient comme surnaturel. Cependant ils sentaient bien qu'embelli par le plaisir, il est encore plus touchant. Cela les conduisit à faire l'éloge de l'amour antiphysique et à s'y livrer. Car quand on est hors de la nature, on est tout près d'être en opposition avec elle. Cependant elle est bien puissante. On sentit ce que cet instinct égaré a de répugnant: on voulut en dégager l'amitié, cette passion si révérée et réputée si noble et si pure, mais sans lui faire rien perdre de son énergie, qu'on s'était exagérée. On imagina l'amour dit platonique. On en fit ce qu'on appelle l'union pure des âmes dégagée de toute matière, une espèce d'eudémonie[1], une véritable autopsie[2], et

1. Théorie morale fondée sur l'idée que le bonheur est le bien suprême de l'homme.

2. Notion qui trouve son origine dans la philosophie mystique et qui désigne l'état contemplatif précédant la vision en Dieu.

on se retrouva dans le pays des chimères. C'est ainsi que les Grecs méconnurent ou plutôt ignorèrent l'amour.

[11] De tous les sentiments qu'ils éprouvèrent, le plus approchant de celui-là est celui que leur inspirèrent quelquefois certaines courtisanes. C'étaient des femmes belles, douées d'un esprit cultivé, d'un caractère aimable, de sentiments dignes d'attachement, que l'on prenait par choix, avec lesquelles on vivait sans contrainte, et que l'on pouvait quitter sans gêne. Il ne faut pas s'étonner du grand rôle qu'elles ont joué, ni même de la considération qu'elles se sont souvent acquise, puisqu'elles avaient toutes les qualités faites pour attacher les hommes les plus recommandables. Cependant il faut en convenir, ce n'est pas encore véritablement l'amour. D'abord il est rare qu'une courtisane ne soit point avilie par l'intérêt; elle est décidée à se donner avant de savoir à qui, avant même d'y être portée par son cœur. C'est un domestique qui cherche condition, qui souvent la prend au hasard pressé par les circonstances, et la quitte ou la garde par calcul. D'ailleurs en supposant tout à souhait, il manque toujours à ce genre d'engagement une condition essentielle au bonheur, c'est l'intérêt de famille. Car c'est ce sentiment puisé aussi dans notre nature qui fortifie et perpétue tous les autres, qui forme une union plus intime, qui dans le bel âge rend la passion plus touchante en lui donnant de nouveaux sujets de l'exercer et de se développer, qui la remplace par les plus douces habitudes quand elle n'est plus de saison, qui améliore ceux qu'il anime, qui les rattache à l'ensemble de la société, qui fait de la vieillesse destinée à être si triste le soir d'un beau jour pendant lequel on se prépare sans douleur à s'endormir sans regret, en se voyant renaître. Il fait plus encore; quand un malheur trop commun sépare par une mort prématurée deux êtres qui s'aiment, il fait trouver à celui qui survit de grandes conso-

lations dans les objets de leur affection commune. Ainsi ce n'est que dans un ménage bien arrangé que se trouvent réunis tous les biens de l'amour. D'ailleurs, nous qui écrivons pour tous les hommes et non pas seulement pour la classe privilégiée, nous ne devons pas oublier que la ressource imparfaite des courtisanes n'est pas à l'usage du peuple. Elle suppose de la richesse et de l'esprit cultivé, sans quoi elle n'est que crapule et désordre et produit de la misère. Ainsi voilà encore une nation et une nation très aimable qui n'a pas bien connu l'amour.

[12] Je ne parlerai pas des Romains, toujours sombres, farouches et superstitieux. Ils passèrent du plus grossier rigorisme à la plus extrême licence, sans changer leurs lois toujours trop austères. Ce n'est pas [chez eux] que nous pouvons trouver le bonheur dont la recherche est notre objet.

[13] Nos ancêtres, plus qu'à demi barbares, ont été régis par les lois romaines encore mal connues et par des coutumes souvent absurdes et toujours sans principes et sans ensemble. Les prêtres devenus tout puissants y ont ajouté le droit nommé *canonique* composé de leurs décisions, qui bientôt l'a emporté sur les deux autres droits, le droit *romain* et le droit *coutumier*. De plus, sachant presque seuls lire et écrire, ils se sont emparés de tous les tribunaux. Par ces deux moyens, ils ont ramené à eux presque toutes les causes, et la plupart des actions jugées répréhensibles ont été appréciées non comme délits mais comme péchés. Il n'a plus été question des intérêts de la société qu'on ne connaissait pas, mais de ceux du ciel qu'on prétendait connaître. Ainsi l'on se doute bien que tout ce qui tient au commerce de l'homme et de la femme, qui remue si puissamment de telles imaginations, a été plus que jamais réputé sacré et a reçu une importance prodigieuse, favorable d'ailleurs à l'empire des prêtres. Aussi la presque totalité des hommes, joignant à cet égarement des mœurs grossières et des

passions brutales, a croupi à la fois dans la superstition et dans la crapule, sa seule compagne ordinaire.

[14] Ceux, en petit nombre, qui avaient besoin de sentiments plus délicats n'ont pas secoué le joug, mais ils l'ont soulevé. Habitués aux idées mystiques, ils se sont accommodés de l'amour platonique et l'ont encore exagéré. L'honneur féminin était une chose divine; les femmes sont devenues des déesses; il leur fallait un culte : on ne devait pas oser approcher de la dame de ses pensées, pas même la nommer, à peine s'en faire connaître. En être le martyr, lui soumettre son existence sans espoir de retour, était le premier des devoirs; donner sa vie pour elle, même à son insu, le moindre des sacrifices. Les plus grandes actions, les plus grands services, la plus longue patience étaient trop payés par un de ses rubans. Enfin toutes les folies de la galanterie chevaleresque et de la fadeur pastorale, un mélange de gloire, de religion et de désirs, voilà l'idée qu'on s'était faite de l'amour et qui ne pouvait naître que dans les entraves d'une mauvaise législation. Quand le bonheur n'est nulle part, on le cherche dans ses rêves. C'est peut-être bien la cause de ce qu'on appelle l'imagination des orientaux.

[15] Depuis que les lumières ont commencé à renaître et que la société est devenue plus douce, plus facile, on s'est beaucoup familiarisé avec les femmes et les deux sexes y ont gagné. Elles ne sont plus déifiées que par quelques jeunes gens qui ne les connaissent point encore; mais elles sont moins tyrannisées. Nous continuons cependant à attacher trop d'importance à l'avantage de leur plaire en général, et de tourner la tête à quelques unes; et il en est resté en français et peut-être dans quelques autres langues, ce mot ridicule de *conquête*, pour exprimer de petits succès qui souvent n'ont rien de commun avec l'amour et sont toujours très étrangers à la gloire. D'un autre côté, les lois ne sont point encore justes

envers elles, elles ne les protègent pas assez, elles les condamnent trop souvent à des malheurs non mérités. Néanmoins on peut dire qu'elles ne sont plus ni souveraines, ni esclaves, mais à peu près ce qu'elles doivent être : d'aimables compagnes et des amies tendres. Ainsi il y a plus de bonheur et de vraie vertu : l'un et l'autre croissent toujours avec l'égalité et la liberté.

[16] Néanmoins, il ne faut pas se le dissimuler, l'amour est encore presque nécessairement étranger au mariage. La raison en est simple. Le mariage est un acte important dans la vie sous beaucoup de rapports ; il fixe nos destinées à beaucoup d'égards ; il se lie à tous nos intérêts. Il faut donc y prendre en considération la fortune, les projets d'établissement et d'avancement, les convenances. Il est très difficile de suivre uniquement les mouvements de son cœur, et cela est vrai même des dernières classes de la société, quoiqu'elles aient dans ce genre [moins de contraintes] que les autres[e]. C'est encore bien pis si le choix est gêné et le joug aggravé par le fait des lois, des mœurs ou des opinions, comme il arrive presque partout.

[17] Nos comédies sont à cet égard une image très fausse de la société. On n'y songe qu'à l'amour, et on n'y parle que de mariage. Mais les spectateurs ne s'y méprennent pas ; et la plupart des moyens que les amants y emploient pour réussir leur paraîtraient fort ridicules, s'ils ne comprenaient fort bien qu'il ne s'agit que d'intrigues, souvent même très légères. Le *Misanthrope* est peut-être de tous les personnages comiques celui qui désire le plus sincèrement le mariage, aussi ne se fait-il pas ; et si Célimène était une femme sensible au lieu d'être

---

e. Cet avantage contribue puissamment à rétablir leur morale, que la misère et la grossièreté dégradent, comme la position contraire est une des grandes causes qui rendent les hommes trop éminents et surtout les souverains étrangers aux sentiments vertueux et tendres.

une coquette, la pièce finirait plus vraisemblablement par un arrangement que par une noce. Les autres amants ne cherchent assurément pas à l'épouser en cherchant à lui plaire. Dans l'*École des femmes* au contraire, le mariage a lieu, mais c'est parce qu'il est arrangé d'avance par les pères. Les niaiseries de Georgette n'y servent pas plus que les bêtises d'Arnolphe n'y nuisent, et on ne peut guère appeler amour la fantaisie qu'un étourdi [éprouve] pour une idiote en la voyant par la fenêtre. Le mariage semble dans nos comédies le seul moyen de sortir d'affaire ; c'est comme le suicide dans les tragédies. Celui-ci est de rigueur dans ces dernières. Nous l'exigeons même des femmes. Nous trouvons les amants de nos comédies indécents s'ils s'aiment autrement que pour s'épouser, et très insipides si dans le mariage ils considèrent autre chose que l'amour, et les amants des tragédies méprisables à moins qu'ils ne se tuent, quand ils sont malheureux. Cependant nous savons bien que ce n'est pas ainsi que les choses se passent ordinairement. Ces mœurs théâtrales ont le grand inconvénient de monter les imaginations ; les jeunes gens qui ressentent les passions se croiraient au dessous de tout s'ils n'étaient pas au delà de la raison ; et les gens plus âgés qui les jugent se croient obligés d'égaler au moins la sévérité des auteurs dramatiques. Il entre de l'hypocrisie dans ces exagérations.

[18] Soyons donc vrais, c'est la première condition pour être bons. D'une part, il n'est pas nécessaire pour que l'amour soit intéressant, touchant et bienfaisant qu'il soit une fureur[1]. Il suffit qu'il soit un sentiment tendre et généreux. D'autre part, il n'est que trop certain qu'il est rarement assez fort pour

---

1. À rapprocher de l'affirmation de Cabanis selon laquelle « l'amour, tel que le développe la nature, n'est pas ce torrent effréné qui renverse tout » (voir l'appendice 1).

déterminer seul au mariage[f]. Aussi il faut convenir encore que la plupart de nos liaisons formées par l'amour ne sont pas des mariages. Elles ont bien plutôt pour objet de nous y soustraire ou de nous en consoler.

[19] C'est un malheur sans doute, car ces liaisons tourmentées par les lois, exposées à mille traverses contraires ou du moins opposées souvent à beaucoup de devoirs et d'intérêts chers, donnent rarement un bonheur paisible et jamais un bonheur complet. Il en est pourtant qu'un heureux concours de circonstance et une grande perfection dans la conduite soustraient à tant de tourments et qui ont un cours tranquille. Alors elles sont d'autant plus délicieuses qu'ayant eu plus d'obstacles à surmonter, on a eu plus d'occasion[s] de s'assurer réciproquement d'un dévouement inébranlable. Celles-là sont peut-être les plus tendres de tous les attachements, et s'il est permis de se servir d'une comparaison bien commune, on peut les regarder comme des lots à une loterie désavantageuse, qui sont bons précisément parce qu'il y a une foule de perdants, au sort desquels on s'est exposé. C'est assurément une chance qu'on ne doit pas s'empresser de courir.

[20] Ces liaisons d'ailleurs sont exposées au blâme. On les regarde comme illicites et elles le sont réellement. Ceux qui n'ont pas de peine à se défendre d'attachements bien vifs parce qu'ils sont incapables de les inspirer où de les éprouver, ne manquent pas de sévérité pour condamner les torts auxquels ils peuvent conduire. Cependant ce n'est pas le plus grand nombre. Nous avons tous au fond du cœur un grand penchant à nous intéresser aux affections tendres. Les lois qui les condamnent nous semblent bien sévères, l'autorité qui s'y oppose nous

---

f. C'est ce qui a fait dire au grand Bacon qu'il joue un plus grand rôle au théâtre que dans le monde : *Plus scenae quam vitae prodest*.

paraît dure et les intérêts particuliers qui les contrarient nous sont toujours odieux. Cette disposition est bien sensible à la lecture des romans et à la représentation des pièces de théâtre. C'est elle qui est cause du plaisir que nous y prenons ; elle se retrouve dans la société, et elle est une preuve de la bonté de notre nature et du charme que nous trouvons aux passions bienveillantes.

[21] Dire que l'amour est sujet à l'inconstance, c'est faire une observation bien triviale. Mais ce qu'il faut remarquer, c'est que cela est d'autant moins vrai que le plaisir des sens y domine moins et que le sentiment y a plus de part. Aussi quand un attachement, même désapprouvé d'abord, est justifié par la constance et, pour ainsi dire, consacré par le temps, il nous devient respectable, et nous avons raison, car il est prouvé que ce n'est qu'une amitié extrêmement tendre ; c'est ce que j'appelle l'amour, et un tel sentiment ne peut guère exister qu'entre deux personnes très estimables.

[22] Je ne conçois pas comment Mr de Buffon a pu ne voir que de la vanité dans le moral de l'amour, il a pu prononcer qu'il n'y a *que le physique de cette passion qui soit bon..., que le moral n'en vaut rien*, et regretter pour nous à cet égard le sort des animaux[g]. Je trouve que c'est méconnaître absolument le cœur humain et même la nature animale. Beaucoup d'espèces sont accessibles au sentiment de préférence, à la jalousie, en un mot à beaucoup de ces affections morales que Mr de Buffon regarde comme si funestes. Dans l'espèce humaine au moins il n'y a certainement rien de plus opposé aux sentiments tendres que la vanité par laquelle ils sont presque toujours persécutés. Je ne comprends pas davantage comment des philosophes qui

g. *Discours sur les animaux*, qui au reste n'est pas son meilleur ouvrage. Il venait d'être harcelé par les théologiens.

ont vanté l'amitié jusqu'à l'excès, ont cru devoir professer mépris pour l'amour comme pour une passion brutale, tandis qu'il n'est que l'amitié rendue plus vive par la différence des sexes. Il y a de l'affectation dans tout cela; je dirais volontiers comme le Clytandre des *Femmes savantes*:

> Le ciel m'a dénié cette philosophie.
> Et mon âme et mon corps marchent de compagnie.

Je crois beaucoup plus près de la vérité sur ce point le commun des hommes bons, qui suivent tout simplement leur nature morale, sans prétendre mépriser aucune partie, et il me paraîtrait bien plus réellement philosophique de reconnaître et démontrer que nous devons tout ce que nous avons de bonheur et de puissance et jusqu'à notre existence et celle de la société au penchant de la *reproduction* uni au penchant de la *sympathie*.

[23] En convenant avec moi que l'amour est un penchant louable, qu'il est en nous le premier germe de toutes les passions bienveillantes, qu'il développe notre sensibilité morale et que par conséquent il s'allie à toutes nos vertus et les favorise, on trouvera sans doute que l'intérêt qu'il m'inspire m'a porté à en parler trop avantageusement, même alors qu'il est illégitime, que j'ai traité trop légèrement ce qu'on appelle la pureté des mœurs et même la foi conjugale, et qu'enfin puisque j'avoue que l'amour n'est un sentiment digne d'estime qu'autant qu'il est une amitié tendre, il faut réduire à la simple amitié toute liaison entre homme et femme, hors du mariage.

[24] À cela je réponds d'abord que je n'ai posé aucun principe, que sans dogmatiser, je n'ai fait que raconter. Je crois avoir été l'interprète exact de la nature en disant que *l'amour*

est le résultat du besoin de *reproduction* joint à celui de la *sympathie*.

[25] J'ai été l'historien fidèle de nos erreurs, en montrant toutes les folles idées que cette passion a fait naître dans les têtes des hommes de tous les temps et de tous les pays, toutes les lois absurdes ou barbares dont elle a été l'objet et toutes les chaînes dont on l'a si mal à propos surchargée, erreurs dont la source première est l'importance exagérée attachée à la virginité et à la chasteté ; et certainement dire ces vérités n'est pas faire l'apologie de la débauche ni du libertinage. Je n'ai pas été moins véridique en affirmant qu'au fond de nos cœurs nous nous intéressons à l'amour quand il se montre constant et délicat, et que naturellement nous nous irritons contre les obstacles qu'on lui oppose. C'est encore là un simple énoncé de faits dont les preuves sont sous les yeux de tout le monde. J'ai été si loin d'en rien conclure en faveur des liaisons illicites, même les plus excusables, que j'ai dit formellement qu'elles ne pouvaient que très rarement conduire, après bien des traverses, à un bonheur un peu paisible, et jamais à un bonheur complet et j'en ai expliqué les raisons. Or je crois que c'est le meilleur de tous les moyens pour en éloigner, et un beaucoup plus puissant que toutes les déclamations. De plus, je demande que l'on observe que c'est le seul moyen qu'on puisse employer dans un ouvrage comme celui-ci. Car je ne fais ni un catéchisme, ni un sermon, ni même un code. Je ne fais qu'examiner toutes nos passions, pour voir quelles sont celles qui peuvent nous rendre heureux ou malheureux ; et en pareil cas, dire qu'une passion ne peut conduire au bonheur, c'est bien la réprouver autant que possible et d'une manière très efficace. Car assurément le bonheur est le but de tous nos désirs. Mais enfin je ne puis faire un forfait de ce qui n'est qu'une faute. D'ailleurs l'expérience prouve que ces exagérations trop employées ne servent à rien

pour l'objet qu'on se propose, et elles sont nuisibles sous beaucoup d'autres rapports.

[26] Quan[t] au projet de réduire à la simple amitié toute liaison intime entre homme et femme hors du mariage, je ne balance pas à déclarer franchement que c'est une idée fausse et impossible à réaliser, parce qu'elle est contre nature. Il est très possible sans doute qu'un homme ne soit que l'ami d'une femme digne d'être aimée, quoique tous deux dans l'âge de plaire, si elle a dans le cœur un sentiment plus tendre et surtout si lui-même est dans une position semblable, car alors ils ne sont l'un pour l'autre que d'un intérêt secondaire ; mais s'ils n'ont aucune passion prédominante, s'il s'établit entre eux une amitié intime et telle qu'ils suivent réciproquement leur premier intérêt, il est impossible qu'ils ne s'inspirent pas des désirs, quand même ils n'auraient pas les avantages extérieurs les plus capables de les faire naître. C'est dans la nature, et c'est ce qui a fait observer généralement que souvent des femmes, même laides, sont plus aimées et plus constamment que les plus belles, parce que la beauté inspire d'abord des désirs qui ne sont pas toujours suivis de l'amitié[h], au lieu que l'amitié une fois établie fait naître insensiblement et nécessairement des désirs si des désagréments insurmontables ne s'y opposent pas ; et alors l'amour est parfait. Or, quand ces désirs se font sentir, ils causent une telle anxiété, un tel malaise, tant qu'ils ne sont pas satisfaits, ils mettent une telle gêne dans le commerce entre l'homme et la femme, qu'il faut nécessairement qu'ils leurs obéissent, ou que leur amitié se rompe. J'en

---

h. C'est ce qui fait qu'une jeune personne qui entre dans le monde sans expérience et avec des avantages extérieurs trop remarquables est rarement heureuse et est plus souvent entraînée dans le désordre qu'elle n'est fixée par le sentiment. C'est ce qui fait aussi que les femmes n'ont guère de vrais amis que quand elles ont passé l'âge d'avoir des amants.

appelle sur ce point à tous les philosophes qui ont parlé de l'amitié. Comment! Ils veulent, et avec raison, que deux amis soient inséparables, qu'ils ne fassent qu'un, qu'ils se dévouent l'un pour l'autre, qu'ils n'aient rien à se refuser, sans quoi ils les déclarent indignes du nom d'amis; ils excusent même les fautes auxquelles l'excès de ce sentiment respectable peut les entraîner dans les relations sociales et dans les crises politiques; et ils voudraient que deux amis de sexe différent se refusassent réciproquement la satisfaction de désirs qui les tourmentent et qui sont conformes au vœu le plus impérieux de la nature et qu'ils peuvent d'un seul mot changer en plaisirs; que pouvant être au comble du bonheur, ils se désespérassent de propos délibéré; et ils concevraient que leur union pût n'en être pas altérée!! Cela peut se trouver dans un mauvais roman, comme ils sont presque tous, mais jamais dans l'histoire. Encore une fois cela est impossible.

[27] Ceci m'amène à parler de la foi conjugale.

[28] Je la respecte sans doute; toute promesse faite doit être exécutée. Tout engagement pris doit être rempli. Mais celui-ci n'est-il pas d'une nature particulière? En quoi précisément consiste-t-il? Est-il bien vrai qu'il renferme réellement la promesse de s'aimer et de s'aimer toujours? Je n'en crois rien, mais c'est ce qu'il faut examiner. N'oublions pas que le mariage est presque inévitablement étranger à l'amour, et qu'il y entre nécessairement, et doit y entrer, beaucoup de considérations d'un autre genre. Cela étant, je le demande, est-il un seul homme de bon sens qui, quand il reçoit à l'autel ou devant un magistrat le consentement d'une femme qu'il épouse par beaucoup de motifs différents, ou d'une jeune novice qu'il connaît à peine et surtout qui ne se connaît pas elle-même, est-il, dis-je, un seul homme qui dans ce cas croie sincèrement qu'il vient recevoir le serment d'être aimé toujours? Est-il un

seul des assistants qui ait un moment cette idée ? Si quelqu'un conçoit l'espérance que cela arrive, n'est-elle pas uniquement fondée sur la connaissance des qualités des conjoints, des soins et des procédés dont ils sont capables et non sur les mots qui viennent d'être prononcés ? À la comédie où les vrais sentiments se montrent plus naïvement, est-il une seule personne qui ne rie de la balourdise du notaire qui explique gravement à la *Jeune Indienne*[1] que, par le contrat qu'il vient de rédiger, son mari est obligé de l'aimer toujours, et de la simplicité de la jeune personne qui demande tout de suite ce papier, afin, dit-elle, de lui montrer sa promesse s'il était tenté de l'oublier ? Je vais plus loin. Est-il possible de faire une telle promesse ? Sommes nous libres d'aimer ou de ne pas aimer ? Nos sentiments dépendent-ils de nous ? Personne assurément ne variera sur les réponses à faire à ces questions. Cette promesse se réduit donc à celle de ne préférer personne [d'] autre pendant la durée de son engagement. C'est tout ce qu'on peut exiger en droit rigoureux, et c'est encore beaucoup dans la pratique, surtout si celui ou celle à qui on s'engage ne le mérite pas. Car alors est-il bien certain que c'est le plus estimable des deux qui est victime et qui est digne de tout l'intérêt du public et des particuliers.

[29] Je crois donc être à l'abri du reproche de trop de facilité, autant qu'on puisse l'être quand on n'a pas recours à l'hypocrisie pour s'en garantir. Je demande surtout que l'on remarque que je n'ai point été chercher des excuses dans l'imprudence de la jeunesse, les erreurs des sens, la violence des passions. Ce n'est point le désordre que je prends sous ma protection. J'ai simplement analysé nos sensations, et je les ai jugées sévèrement, mais avec équité, et si j'ai trouvé dans nos

---

1. Référence à la pièce de Chamfort, *La Jeune Indienne* (1764).

lois et nos institutions plus d'erreurs que dans nos cœurs, je m'en réjouis; car les premières sont notre ouvrage que nous pouvons changer, au lieu que nos sentiments sont celui de la nature qui est immuable.

[30] En effet, il n'est douteux pour personne que l'amour ne soit un sentiment délicieux, et que quand il se trouve dans le mariage, il n'en fasse l'état le plus heureux et n'y devienne la source de beaucoup de biens et de beaucoup de vertus. Aussi l'y a-t-on toujours souhaité et de tout temps l'on se plaint que l'amour et l'hymen sont deux frères trop désunis. Mais peut-être n'a-t-on jamais assez remarqué que c'est parce que celui-ci embrasse nécessairement beaucoup d'autres intérêts que celui de nos sentiments. Si on y avait fait une attention suffisante, ce serait à son service et non pas à celui de l'amour que l'on aurait mis Mercure. Le dieu des marchands devrait être à la disposition de l'hymen qui n'est que trop souvent qu'un marché. Quoiqu'il en soit, si dans leurs discours la nature est toujours du parti de l'amour, l'hymen a été constamment le protégé de tous les législateurs et de tous les moralistes. Parlons sans figure : tous ont voulu que le lien du mariage soit respecté et que les devoirs qu'il impose soient exactement remplis; et ils ont eu raison. On doit leur savoir gré de leurs motifs, car si l'on en excepte quelques théologiens farouches, qui font consister la vertu dans la mortification, l'abnégation de soi-même, le renoncement à tout bonheur dans ce monde, tous ont désiré véritablement notre plus grand bien-être et se sont proposés par leurs préceptes de rendre la société sûre, douce et tranquille. Mais ont-ils bien pris le meilleur chemin pour arriver à leur but ? Je ne le crois pas et leur peu de succès dont eux-mêmes se plaignent me paraît prouver que j'ai raison.

[31] Il est deux manières de porter les hommes à remplir un devoir. L'une est d'en exagérer l'importance, d'accumuler les

menaces et les punitions contre ceux qui y manquent, l'autre est de mettre tous ses soins à rendre facile, et s'il se peut agréable, la pratique de ce même devoir. La première, quoique dure et sévère peut réussir jusqu'à un certain point, tant qu'il ne s'agit que d'[empêcher][1] des actions, mais on sent qu'elle est tout à fait impuissante quand il faut, comme ici, inspirer des sentiments. Elle peut à toute force produire l'ordre, mais jamais le bien-être; l'obéissance, mais non pas le bonheur; elle peut bien me faire renoncer à ce que j'aime, mais non me faire aimer ce qu'on me prescrit. Cependant c'est celle que les précepteurs des nations ont presque toujours préférée, et elle atteste, à mon avis, leur incapacité. Car il est bien aise de prescrire, de défendre, de punir; mais le grand art est de faire vouloir, et c'est celui que je voudrais qu'on employât, du moins quelquefois.

[32] D'ailleurs cette marche sévère a un grand inconvénient. Quand il s'agit d'un devoir à remplir, les hommes sont nécessairement partagés en deux classes, ceux à qui ce devoir est imposé, et ceux en faveur de qui il est exigé. La loi parle à tous. Les premiers sont peu disposés à lui obéir, mais les autres se laissent facilement persuader pour elle. Ils s'exagèrent les droits qu'elle leur reconnaît et se dispensent de mériter ce qu'elle déclare leur être dû. Les exemples ne manquent pas pour confirmer ce que j'avance : il suffit d'y penser un moment pour les trouver. Ainsi la loi crée des malheureux et des oppresseurs. Dans l'occasion présente elle fait pis encore. Par la sévérité, elle enflamme les imaginations et exalte les passions au lieu de les calmer. En exagérant l'importance des devoirs, en les déclarant sacrés, elle intéresse la vanité d'une part à les faire observer, de l'autre à les faire enfreindre. Elle

---

1. Le manuscrit porte par erreur de copie : « *employer* ».

fait attacher un prix infini à en obtenir le sacrifice, et souvent une sorte de générosité à l'accorder. Ainsi elle-même provoque la résistance et surtout de la part des âmes élevées et énergiques. C'est en rendant les femmes malheureuses qu'on leur crée des consolateurs, et qu'on les dispose à en chercher, sans compter que le ménage est déjà insupportable, quand la contrainte seule les empêche de s'en procurer. Les mœurs de toutes les nations offrent encore des preuves de ces vérités.

[33] Je reviens donc à ma thèse. Je voudrais qu'on s'occupât de faire vouloir aux hommes ce qu'on leur ordonne et, qu'au lieu de serrer outre mesure le lien conjugal, on empêchât qu'il ne blesse. Il en est trois moyens principaux. Le premier est l'extrême liberté des jeunes hommes et des jeunes filles non encore engagés; le second est d'offrir des ressources à ceux qui se sont engagés témérairement; le troisième est d'adopter toutes les mesures propres à faire qu'il entre dans les projets de mariage le moins possible de motifs étrangers à l'amour. Je commence par le dernier qui favorise les deux autres.

[34] Je me rappelle qu'autrefois j'ai publié un petit ouvrage[1] écrit avec une négligence qui pourrait le faire soupçonner de précipitation, mais que pourtant j'avais longuement médité. Il s'agissait de savoir quels sont les moyens de rendre une nation réellement vertueuse, en d'autres termes de lui donner une morale fondée sur des bases réellement solide. J'observai d'abord que l'enseignement direct, les leçons, les sermons, les catéchismes, les traités dogmatiques sont d'une

---

1. *Quels sont les moyens de fonder la morale d'un peuple ?*, publié dans *Le Mercure français*, n° des 10, 20 et 30 ventôse an VI (28 février, 8 et 18 mars 1798). Ce texte sera à nouveau publié à la suite du *Commentaire sur* l'Esprit des lois *de Montesquieu*, Paris, Théodore Desoer, 1819.

très faible utilité. Tout cela n'apprend guère que ce que tout le monde sait, et d'ailleurs, quoiqu'il soit vrai dans un certain sens que *Tout vice est issu d'ânerie*, il est pourtant vrai aussi qu'il est rare de mal faire que faute de savoir. Je trouvais ensuite que la bonne administration de la justice et la prompte punition des délits avai[en]t une bien plus grande et bien plus heureuse efficacité. Mais surtout je faisais voir que le plus puissant de tous les moyens pour porter les hommes au bien était de leur ôter autant que possible des occasions et des motifs de s'en écarter et que, sous ce rapport, il n'y a pas une mesure administrative puis une combinaison politique qui par des conséquences fort éloignées n'influe[nt] puissamment sur la moralité d'un peuple. Je citais, entre autres exemples, différentes opérations de finance qui, en ouvrant la porte à des gains illicites ou seulement exagérés et à de nombreuses malversations, ne pouvaient manquer de porter la corruption dans toutes les parties de l'État, malgré les menaces des casuistes et même celles des lois. En me résumant, je finissais par cette maxime : *Quand il est question d'agir sur des êtres animés, rien de ce qu'on veut opérer directement ne réussit. Rendez les circonstances favorables et ce que vous désirerez arrive sans que vous ayez l'air de vous en mêler* [1].

[35] Je suis toujours plus persuadé de ces vérités et elles sont tout à fait applicables au cas dont il s'agit maintenant. Aussi sans prêcher inutilement le désintéressement dans les projets de mariage, faites qu'il y ait peu d'occasions ou peu de motifs pour y mêler des calculs d'intérêt : vous verrez que

---

1. La citation exacte est : « *Quand il est question d'agir sur des êtres animés, rien de ce qu'on veut opérer directement ne réussit. Disposez les circonstances favorables, et ce que vous désirez arrive sans que vous ayez l'air de vous en mêler* », *ibid.*, p. 477.

beaucoup de personnes s'uniront en ne consultant que leur cœur. Partout où la distribution des castes est très prononcée, où le crédit auprès des gens puissants est un grand moyen de succès, où les fortunes sont très inégales, où elles peuvent être accrues exagérément par des testaments ou par des gains subits, où par suite le goût du luxe devient un besoin et la vanité une passion dominante, où enfin la puissance paternelle est excessive, vous verrez beaucoup de mariages déterminés par ces motifs et par conséquent destinés à être malheureux ou du moins fort tristes et fréquemment troublés par les sentiments qu'inspire la nature qui ne perd jamais ses droits.

[36] Les pays où règnent ce qu'on appelle des mœurs simples, qu'il ne faut pas confondre avec des mœurs austères, vous offriront un aspect tout contraire. Peu de richesse, l'aisance universelle, point de cour à faire à personne, peu de voies ouvertes à l'ambition ou à la cupidité, une bonne éducation, des idées saines, le bon goût de la société généralement répandu, font que les jeunes gens ont beaucoup de latitude dans leur choix, qu'ils ont peu de raisons pour en faire de mauvais, et que le mérite personnel est très prisé. Peut-on douter qu'il ne soit plus commun, plus recherché, et plus souvent la cause d'attachements vrais et d'unions heureuses.

[37] Avant d'aller plus loin, je dois répondre à une objection qui n'en vaut cependant la peine que parce qu'elle est aussi fréquemment répétée : bien des gens disent *que le mariage d'inclination est souvent malheureux*.

[38] D'abord, [si] cela est vrai, comme il faut l'avouer, cela est encore plus vrai des mariages d'intérêt. Aussi cela prouve seulement une triste vérité, c'est que parmi nous le bonheur est très rare. Ce n'est pas faire l'éloge de nos institutions.

[39] Ensuite il y a une grande raison pour que, dans l'ordre des choses dont je me plains, les mariages dits d'inclination ne

soient pas toujours heureux. Quand dans une société tout est
arrangé de manière qu'il y ait beaucoup de motifs pour se
marier par intérêt, par ambition ou par vanité, et quand l'usage
en est devenu général, il faut une grande force de caractère, ou
un grand fonds d'étourderie, ou une passion violente, souvent
irréfléchie pour résister à la fois à la force de ces motifs et à
celle de l'exemple et pour n'écouter que son inclination. Or
comme de ces trois causes il n'y a que la première qui puisse
donner assez de fermeté et de constance pour ne pas céder aux
nombreuses occasions que l'on a de regretter les avantages
auxquels on a renoncé, il n'est pas étonnant qu'une pareille
détermination soit souvent suivie du repentir. Il n'en serait pas
de même dans un ordre des choses où tout porterait à suivre
tout simplement l'impulsion de la nature.

[40] C'est ainsi qu'autrefois on traitait de libertins tous
ceux qui méprisaient la superstition, et l'on avait souvent
raison. Car quand la crédulité est universelle, c'est souvent le
dévergondage des idées, plus que la force du raisonnement qui
fait qu'on en secoue le joug. Il faut de l'audace et même de la
témérité pour s'en affranchir. Mais aujourd'hui que ces
matières ont été discutées et éclaircies maintes et maintes fois,
et qu'il est bien aisé de s'en instruire, il serait ridicule d'appeler libertins les incrédules. Car on voit une foule de gens d'un
caractère calme et même d'un esprit fort ordinaire qui sont au
dessus des opinions populaires. Il est donc vrai qu'il est à
désirer qu'il soit facile de suivre son inclination en se mariant.

[41] Cependant, et ceci est mon second point, cet avantage
demeurerait inutile si les jeunes gens et les jeunes filles
n'avaient pas le moyen de se connaître et de se choisir, je
devrais dire de s'éprouver réciproquement. Partout où les
filles à marier n'ont pas la plus grande liberté, il ne peut y
avoir des ménages supportables que rarement, et des ménages

désirables que par le plus grand des hasards. Le comble de l'absurdité est de les renfermer et de les hébéter, comme dans les pays où il y a des harems et des couvents. Comment ! Par tout pays, avant de s'unir à quelqu'un pour un intérêt médiocre, pour un commerce, pour un voyage, pour une affaire même passagère, ou pour les faibles rapports de maître et de domestique, on désire connaître sa moralité, sa capacité, jusqu'à son humeur, et dans les trois quarts de la terre on n'est pas effrayé et révolté d'un ordre des choses tel que de toutes les associations, la plus intime et la plus continue, celle d'où dépend le sort de la vie et où il s'agit non pas seulement de s'estimer mais de s'aimer, soit nécessairement contractée sans la moindre connaissance de ce qu'on fait ! Et de tous ces habiles donneurs de préceptes et de lois qu'on révère, aucun ne s'est avisé de voir que c'est pour cela qu'ils sont si mal obéis ! ! Et que c'est cela peut-être que l'on devrait changer ! ! Ils n'y ont pas trouvé d'autre remède que de multiplier les prescriptions et les menaces ! ! Et on ne les a pas proclamés ineptes et indignes de leurs fonctions ! ! En vérité, cela est trop stupide et suffirait seul pour démentir la fameuse définition qui fait de l'homme un *animal raisonnable*, quand tant d'autres choses ne prouveraient pas combien elle est ridicule.

[42] Vraiment je vois bien d'où vient tant de démence. Les prêtres veulent dominer. Les autorités politiques veulent accoutumer à la soumission en tout genre. Les [pères] [1] veulent être obéis, et faire de leurs enfants des instruments de leur cupidité, de leur vanité ou de leur ambition, en faisant par leur moyen des marchés avantageux. Les mères veulent cacher les

---

1. Le manuscrit mentionne par erreur de copie *les prêtres* mais le contexte et le sens indiquent clairement qu'il s'agit des *pères*. La traduction de G. Chinard le confirme.

défauts de leur marchandise qu'elles n'ont pas su rendre désirable pour un homme raisonnable[i], et savent bien qu'à la manière dont elles ont élevé leurs filles, elles ne peuvent compter que sur des verrous et non pas sur leur raison. Les filles sont tout à fait idiotes et font ce qu'on veut, ou ne voient le mariage que comme l'instant de leur affranchissement et de la possibilité de faire d'autres choix à leur fantaisie. Les jeunes gens subissent le joug ne pouvant faire autrement et font leur compte de s'y soustraire le plus possible. Joignez à tout cela l'habitude et ainsi va le monde. Mais en vérité ce ne sont point là des motifs que puisse accueillir un moraliste, un ami de l'humanité, un homme qui aime le bien, un homme de bon sens.

[43] Les filles à marier, je le répète, doivent jouir de la plus entière liberté ; c'est le seul moyen de préparer leur établissement convenablement. Quand elles sont sorties de l'enfance, quand leur raison est développée (il est vrai qu'il faut s'occuper de la former), elles sont propriétaire de leur personne, elles doivent en disposer. Celles surtout qui ont de bonnes qualités, et ce sont celles-là qui méritent faveur, ont le plus grand intérêt à se faire connaître, à connaître ceux qui peuvent les rechercher, principalement à se connaître elles-mêmes. Elles doivent acquérir de l'expérience avant l'expérience décisive. Tout cela ne peut point se faire dans des réunions rares, passagères et gênées, mais seulement au moyens de relations habituelles. Ce sont donc elles et elles uniquement avec les jeunes gens qui s'occupent d'elles, qui doivent composer la société générale de ce qu'on appelle le monde. Les hommes mariés ont leur femme, leur famille, leurs affaires, leurs études s'ils en sont

---

i. Je me sers exprès d'expressions basses pour caractériser des sentiments abjects [1].

1. Cette note est absente de la traduction italienne.

capables, quelques amis s'ils en sont dignes, des devoirs à remplir s'ils ont un état : ils sont occupés. Les femmes, avec leur ménage, leurs enfants, une société intime, leur mari si elles l'aiment, ont bien de quoi remplir leur temps, et ne pouvoir même pas se répandre au dehors sans contrariété [1].

[44] Partout où vous voyez les uns et les autres faire la foule, soyez sûrs qu'ils sont conduits par l'esprit d'intrigue ou de libertinage et chassés de chez eux par le chagrin. Les jeunes gens des deux sexes au contraire ont besoin de se rencontrer pour se connaître et se choisir. Ils ont à faire dans le monde comme les négociants à la bourse, et l'on doit s'apercevoir que leurs affaires avancent et se mûrissent à mesure qu'ils commencent à se retirer du fracas. Je n'ai jamais vu un homme ou une femme occupés de sentiments tendres (même hors du mariage qui donne tant d'occupation) qui ne désirassent la vie retirée.

[45] C'est la nature que je prends pour guide dans mes spéculations. Il est si vrai que le bon ordre que je viens de décrire est suivant son vœu qu'il s'établit de lui-même quand des passions factices ne s'y opposent pas trop puissamment. On le trouve dans plusieurs cantons de la Suisse ; on en voit des traces dans quelques villes de province et dans les conditions moyennes, et il se montrera toujours partout où l'autorité des

1. L'édition italienne et sa traduction en français comportent ici une note de bas de page ainsi traduite par G. Chinard : « *Ce que je dis ici aurait paru ridicule à Paris quand j'étais jeune, c'est-à-dire il y a quarante ans : mais on aurait pu l'imprimer, sauf que l'auteur aurait été sifflé par ceux qui s'appellent le beau monde. Aujourd'hui (1813) beaucoup de motifs auraient empêché de le laisser imprimer, mais une fois imprimé, personne ne le regarderait comme une chose extravagante. De là, je conclus que le public a gagné, tandis que le gouvernement a perdu. La société s'est rapprochée de ses institutions et l'autorité s'en est éloignée. L'une est plus durable que l'autre* ». C'est grâce à cette note que l'on sait que *De l'amour* a été rédigé en 1813.

prêtres, des rois et des pères ne se fera pas trop sentir. Ces expressions paraîtront séditieuses, mais je répondrai par l'exorde connu d'un fameux missionnaire qui, montant en chaire, et voyant pour la première fois son auditoire composé de gens considérables par leur rang, leur naissance et leur fortune s'arrête et s'écrie : *Malheureux, qu'ai-je fait ? Jusqu'à ce jour mes menaces et mes reproches ont affligé le pauvre à qui je devais des consolations ! C'est contre les Grands et les puissances de ce monde que je devais tonner. Ce sont eux que je devais effrayer sur l'abus des moyens dont ils disposent, et sur le malheur que produisent leurs fautes, etc*. Il avait raison cette fois, et dussé-je déplaire, c'est à ceux qui peuvent et non pas à ceux qui souffrent que j'imputerai nos maux. Je conviens que cela me mettra en opposition avec la plupart des prêcheurs les plus vénérés, mais la raison et la justice le veulent, et mon âge m'en donne le droit. Je suis père et grand-père et je suis heureux en famille. Ainsi je ne me suis pas mal tiré de l'ordre des choses au milieu duquel j'ai vécu. Mais j'en ai senti toutes les influences, et c'est d'après mon expérience que j'en réclame un meilleur.

[46] Je sais que celui que je désire est impossible dans une ville qui est la résidence d'une cour. Je sais qu'il est incompatible avec l'empire de la superstition. Je sais en un mot qu'il est contraire à beaucoup de préjugés et de passions, et je m'en afflige. Mais je sais aussi qu'il est excellent et conforme à la nature et à la raison, et cela me suffit pour le recommander : les avantages sont innombrables.

[47] Premièrement il y a convenance. C'est dans le jeune âge empressé de connaître et de vivre que siègent le mouvement et l'agitation. On a besoin de voir les hommes et les choses puisqu'on a à se créer des attachements et des intérêts. Plus tard on doit avoir trouvé l'un et l'autre. Est-il rien de si

pitoyable que de voir des hommes et des femmes dont le sort est fixé, ou qui sont même au bout de leur carrière, courir le monde en désœuvrés, comme s'ils avaient à y chercher leur place? Qu'attendent-ils donc pour s'en retirer? Est-ce le tombeau? C'est, dit-on, l'intérêt de leurs enfants qui les y attire. J'entends [qu'] ils veulent en leur faveur remplacer par l'intrigue le mérite qu'ils n'ont pas su leur donner. Mais pourquoi est-ce de préférence ce genre de soin qu'ils aiment à se donner pour eux? Pourquoi ces parents si actifs et si tendres ont-ils commencé par négliger leur éducation? Pourquoi les rendent-ils si souvent malheureux à la maison? Pourquoi les y gouvernent-ils si despotiquement? Pourquoi retardent-ils tant leurs jouissances ou altèrent-ils leur fortune pour continuer à se montrer avec éclat? Pourquoi veulent-ils faire leurs affaires, qu'ils feraient eux-mêmes plus à leur goût? Pourquoi enfin veulent-ils leur faire un bonheur à leur manière, plutôt qu'à celle des intéressés? Sans doute les parents doivent protéger, instruire, diriger, secourir. Mais est-ce bien là ce que font ceux qui sont si répandus, et pourquoi le monde est-il un besoin? Avouons le, nous qui sommes vieux. C'est l'envie de dominer, c'est l'ennui, c'est la sécheresse de nos cœurs et le vide de nos esprits qui nous poussent ainsi hors de notre sphère. Le pis de tout est de donner à ses torts de beaux dehors.

[48] Secondement, le changement que je demande dans la société n'est rien moins que la régénération complète. Par cela seul qu'elle sera composée de jeunes gens, elle deviendra tout de suite plus simple et plus morale. Le luxe en sera banni[1]. On

---

1. Le luxe, qui s'exprime notamment dans les gaspillages des cours royales, est vigoureusement dénoncé dans le premier volume du *Traité de la volonté et de ses effets* au chap. XI : « *Qui dit luxe dit consommation superflue et même exagérée; consommation, c'est destruction d'utilité; or comment conce-*

peut s'en fier sur ce point à l'économie des parents qui ne feront pas pour produire leurs enfants dans le monde les folles dépenses qu'ils font pour y briller eux-mêmes. La vanité cessera d'y régner, car elle n'est pas la passion favorite du premier âge qui a tant de moyens de plaire, et tant de besoins d'aimer. L'art et l'artifice y seront moins en usage, et la sincérité plus commune ; les sentiments affectueux, les passions bienveillantes y établiront leur empire, et vous en verrez naître un caractère national tout nouveau.

[49] Troisièmement, quand même on trouverait d'abord dans cet ordre des choses beaucoup de vices de l'ancien, son existence amènerait nécessairement l'amélioration successive des générations à venir ; et c'est là son plus heureux effet, car le bien ne s'opère que graduellement. Certainement une jeune personne qui sait dès l'enfance que son établissement dépendra d'elle, que ses qualités personnelles, brillantes ou solides, y influeront plus que sa naissance, son crédit ou même ses richesses, que maîtresse de son sort elle n'aura à s'en prendre qu'à elle-même de son bon ou de son mauvais destin, certainement, dis-je, cette jeune personne aura plus d'activité, d'émulation, de réflexion, et prendra de très bonne heure une autre tournure d'esprit qu'une autre pensionnaire élevée dans l'idée que dans ce monde le mérite n'est rien en comparaison de l'intérêt et de la vanité, qu'on ne la recherchera pas pour elle-même mais pour sa dot, qu'on la prendra sans la connaître, qu'on la donnera sans la montrer, et qu'elle n'a rien à faire pour elle-même jusqu'au jour de son mariage, sauf à s'en dédommager le lendemain. Je vais plus loin. Les parents de la première, quand on les supposerait privés de toute moralité

---

voir que destruction exagérée soit cause de richesse, soit production ? Cela répugne au bon sens ».

et de toute sensibilité doivent par intérêt seul chercher à
former sa raison. Ne pouvant pas user uniquement d'autorité,
ils doivent recourir à la persuasion. Sachant qu'elle sera
maîtresse d'elle-même, qu'elle verra par ses yeux, et non par
les leurs, ils ne se borneront pas à lui faire acquérir quelques
talents frivoles, ils tâcheront de lui donner du discernement, de
la mettre en garde contre la séduction, de lui faire connaître
tout ce qu'ils auraient voulu lui laisser ignorer dans un autre
ordre des choses. Ils lui donneront sans doute beaucoup de
leurs préjugés, mais enfin ils les lui inspireront, et ne les
commanderont pas. En les recevant, elle sera à même de
les juger, et la timidité de son âge et de son sexe la rendra
ordinairement prudente, peut-être même défiante.

[50] Les jeunes hommes de leur côté seront l'objet de soins
analogues à ceux-là. Que leur dit-on communément ? Quand
on veut leur donner ce qu'on appelle de bonnes mœurs, on leur
inspire un respect profond et stupide pour les femmes en
général et une haute idée de leur sévérité ; on tâche de confondre dans leur tête la moindre erreur du cœur ou des sens avec
l'excès du désordre et de leur persuader que l'un et l'autre sont
exclusivement le partage de quelques malheureuses des dernières classes de la société, privées de toute considération et de
toute vertu, mais que toutes les femmes qu'ils voient sont
autant de Pénélopes ; que, quant au mariage, c'est une affaire
qui n'a rien de commun avec l'amour, et sur laquelle on les
éclairera quand il sera temps. Par provision, on les éloigne de
toute jeune fille, puis on fait de grandes dissertations sur le
sentiment et la religion ; on leur donne des romans et des
sermons et une grande haine pour la philosophie. Il en arrive
que dès qu'une courtisane joue un peu le sentiment avec eux,
ils la croient une rare exception à la règle générale ; que dès
qu'une femme mariée leur fait la moindre agacerie, ils sont

persuadés qu'il n'y a que la plus violente passion qui puisse l'emporter jusque là. Ainsi après avoir été plus ou moins attrapés par deux ou trois aventurières ou vieilles coquettes, on les marie à un enfant qu'ils croient vierge ; et par conséquent la perfection de son sexe. En un mot, on en fait des sots qu'une lente expérience éclaire trop tard, et il en advient ce qu'il plaît au hasard.

[51] Quant à ceux que l'on destine à être désagréables, des hommes à bonne fortune et à faire leur chemin par leur talent de plaire (et, entendons nous, par le talent de plaire aux femmes mariées, car ils n'en doivent pas rencontrer d'autres), on leur parle plus légèrement des femmes, de leur vertu, de leurs engagements et de ceux qu'on peut prendre avec elles, on tâche de leur faire paraître le sentiment très ridicule. On les arme contre toute espèce de sensibilité, et on en fait des hommes dépravés sous tous les rapports, entièrement voués à l'égoïsme le plus dur, qui disposent en effet de beaucoup de femmes, et qui finissent, quand ils le veulent, par trouver un bon parti qu'on ne manque pas de leur livrer s'ils ont su acquérir un certain crédit [1].

[52] Ces deux leçons moins opposées qu'elles ne le paraissent trouvent à peu près également d'approbateurs dans le monde et il est impossible qu'elles ne produisent pas leur effet ; car un jeune homme lancé dans la société, où il ne rencontre que des femmes mariées, doit nécessairement être dupe ou

1. L'édition italienne et sa traduction en français comportent ici une note de bas de page ainsi traduite par G. Chinard : « *Je ferai observer en temps voulu que ces hommes, en dépit de mauvaises dispositions originelles et de leurs mauvaises habitudes, sont souvent les meilleurs maris ou du moins les moins mauvais. Tant il est vrai que c'est une chose des plus utiles que d'acquérir de l'expérience avant de s'établir, et même que l'expérience est nécessaire pour vraiment s'établir et surtout pour s'établir avec une autre personne* ».

séducteur, à moins qu'après quelques erreurs, des circonstances singulières et un caractère rare ne le mettent à portée d'éprouver ou d'inspirer une de ces grandes passions qui font le destin de la vie, et qui le plus souvent l'abrègent ou l'empoisonnent.

[53] Si au contraire ce jeune [homme] agréable à son entrée dans le monde trouvait la société composée de jeunes filles bien élevées et libres, aimant le plaisir sans doute, mais réfléchies, mais occupées de leur établissement, et par conséquent très assidues à l'observer pour savoir ce qu'on peut attendre de lui, et bien alertes à découvrir ses mauvaises qualités et à démêler ses artifices pour s'en préserver, il s'apercevrait bientôt, quand même il n'aurait pas été averti d'avance, que la réputation de libertinage ou de perfidie n'est pas faite pour réussir dans un pareil cercle. Il pourrait bien encore tourner la tête à quelque petite fille, mais cela le rendrait suspect au lieu de le mettre à la mode, et s'il avait pour elle de mauvais procédés qui la perdissent, s'il manquait à la foi promise, s'il faisait trophée de sa faiblesse, il deviendrait bientôt l'ennemi commun et serait éconduit. Car ce ne sont pas là de jeunes femmes galantes cherchant les aventures, toujours prêtes à rire des malheurs de leurs rivales, qui au fait ne sont que des ridicules comptant sur leur existence, leurs charmes et leur adresse pour éviter des avanies pareilles, et d'ailleurs ne se ménageant guère, parce qu'elles ont un manteau qui couvre leurs faiblesses et l'exemple qui les autorise. Ici l'intérêt personnel rend la société sévère et c'est vraiment la république des femmes. Ainsi ce jeune homme serait obligé de changer de batteries et de tâcher d'acquérir des qualités estimables pour avoir du succès. Quant à celui qui aurait été élevé dans une ignorance complète des choses de ce monde, il serait sans doute très ridicule d'abord, et pourrait commencer par

être attrapé par quelque intrigante ; mais s'il s'en garantissait dans les premiers moments, il se formerait promptement, il verrait et jugerait par lui-même, et sa raison prendrait dans un tel atmosphère tout le développement dont elle serait susceptible. Au reste peu de débutants auraient besoin de ses leçons tardives, parce que les parents prévoyant les effets d'une expérience inévitable s'arrangeraient en conséquence et changeraient leur système d'éducation.

[54] Je me crois donc en droit de conclure que le changement dont il s'agit produirait non seulement la réforme de la société actuelle, mais l'amélioration des générations à venir. Il aurait encore un autre effet très heureux, c'est de faire qu'on se marie plus tard. Dans le volume précédent[1] nous avons traité ce sujet sous le rapport de l'économie politique. Nous avons vu qu'il naît toujours dans un pays toujours plus d'hommes qu'il n'en faut, que la quantité de ceux qui y existent est toujours proportionnée à la quantité des moyens de subsistances et d'existence, que quand ces moyens augmentent, la population augmente tout de suite en proportion ; que même la fécondité de l'espèce est si grande que quand les moyens d'existences peuvent s'accroître indéfiniment, la population double tous les vingt ans, encore que le pays soit peu salubre et que les longévités y soient rares ; qu'ainsi partout où elle est rétrogradée, ou seulement stationnaire, c'est que les hommes s'étouffent et s'affament les uns les autres, que beaucoup souffrent et languissent, et que ceux qui manquent absolument s'éteignent. Nous en avons conclu qu'à ne considérer que la puissance

---

1. C'est-à-dire dans le quatrième volume des *Eléments d'idéologie*, premier volume du *Traité de la volonté et de ses effets*, intitulé *De nos actions* et publié parfois sous le titre de *Traité d'économie politique*. Tracy fait ici référence au chap. IX, *De la multiplication des individus, ou de la population*, qui reprend sur ce point les conceptions de Jean-Baptiste Say et de Malthus.

d'une nation, il était tout à fait inutile de s'occuper de multiplier le nombre des mariages et des naissances, parce que ce n'est qu'accroître celui des morts, et qu'il en résulte une population plus débile et un plus grand nombre d'enfants, relativement à celui des adultes, mais qu'à considérer le bonheur des individus (ce qui est bien préférable), il est au contraire fort à souhaiter qu'il n'en naisse qu'autant qu'il en peut vivre commodément et qu'ils ne soient pas réduits à périr de misère pour laisser la place à d'autres. Ici nous devons considérer la question sous un autre point de vue.

[55] Le mariage, même quand il n'est pas indissoluble, est l'acte le plus important de la vie. C'est la détermination qui exige le plus de réflexion et d'expérience pour la prendre avec quelque connaissance de ses effets et de ses conséquences. Non seulement il est plus difficile de disposer convenablement de sa personne que de son bien, mais même il est tout à fait impossible de savoir si l'on pourra passer toute sa vie avec quelqu'un avant que le caractère et les sentiments de cette personne soient formés et qu'ils aient eu le temps et les occasions de se manifester : il faut être également formé soi-même pour en juger, et pour avoir quelque assurance qu'on ne variera pas dans ses opinions et ses affections, et plus encore pour être capable d'élever ses enfants convenablement.

[56] Il serait donc à désirer pour les deux contractants et pour leur postérité future qu'il fût défendu de prendre l'engagement d'unir son sort à celui d'un autre au moins jusqu'à l'âge que les lois les plus sages auraient fixé pour la majorité. Cependant cela ne se peut pas parce que, même dans nos climats tempérés, le corps est nécessairement formé avant l'esprit, puisque celui-ci ne peut s'éclairer que quand nos organes sont développés. Or, on ne saurait refuser à une fille devenue mère de devenir épouse, ni à celui qui peut être père le

droit d'être mari, surtout dans nos mœurs où une fille mère est si cruellement dégradée. Il faut donc les déclarer l'un et l'autre nubiles, à peu près dès qu'ils sont en état d'engendrer, et bien qu'ils soient encore enfants à tous autres égards. Pour remédier à cet inconvénient, on a imaginé de mettre ces enfants sous la sauvegarde de leurs parents, de les astreindre à ne pouvoir se marier sans leur consentement avant leur majorité, et même de les obliger envers eux, longtemps encore passé cet âge, à des formalités gênantes appelées chez nous *sommations respectueuses*, dont le but est d'ébranler leur résolution la mieux éprouvée, et enfin d'en retarder l'effet. Les précautions plus ou moins bien vues sont utiles quelquefois. Mais il faut convenir qu'en général la sagesse des pères ne répond guère à la confiance du législateur ; nous en avons vu bien des preuves, et ce qui est plus singulier, cette autorité paternelle destinée à empêcher les mariages prématurés et irréfléchis, est précisément ce qui en multiplie le nombre indéfiniment. Car d'une part, on enferme les filles, ce qui leur donne une envie démesurée d'être mariées et met les garçons dans l'impossibilité de les connaître ; et de l'autre, la plupart des parents craignant qu'avec le temps leurs fils ne s'attachent à leur liberté, ou du moins ne veuillent plus se marier qu'à leur goût, se hâtent de les engager avant qu'ils puissent avoir à eux un avis bien prononcé. C'est-à-dire que s'ils n'extorquent pas précisément leur consentement, on peut dire qu'ils le surprennent, et ainsi ils s'assurent que la troisième génération encore se repentira de leur imprudence, de leurs passions et de leurs vices.

[57] Rien de tout cela n'arriverait, si la société était ce qu'elle doit être. Les jeunes filles plus libres et plus éclairées seraient certainement moins promptes à se décider. Les jeunes gens à portée de les voir voudraient au moins les observer et ordinairement ne se décideraient à en épouser une qu'après

avoir eu occasion de s'y attacher fortement; tous étant plus heureux seraient moins pressés de changer d'état. Beaucoup peut-être n'en changeraient pas, et enfin ceux et celles qui s'y décideraient seraient moins sujets au repentir.

[58] Qu'il me soit permis de remarquer à ce sujet que si les erreurs se prêtent un mutuel appui, les vérités s'enchaînent plus étroitement encore. Quoique le célibat ait été regardé comme un état de perfection, on a fait un devoir religieux dans certains cas de faire des enfants, et en même temps on a crié par d'autres motifs que cela était très utile à l'État. Cependant il se trouve, malgré les préjugés reçus, qu'il est également de la saine politique et de la saine morale de retarder l'époque des mariages, c'est-à-dire que cela est également l'intérêt de la société et celui des individus, et que ce seul fait est intimement lié à l'accroissement de la liberté et de l'égalité civile, politique et domestique, et à toutes les parties de l'amélioration des mœurs et de l'ordre social.

[59] Je suis donc excusable de m'être étendu si longuement sur ce sujet et je n'ai pas tort de mettre tant d'intérêt à l'affranchissement des jeunes gens et surtout des jeunes filles, et à leur existence dans la société. Cependant pour qu'il en résulte tous les biens qu'on doit en attendre, il faudrait encore une condition : ce serait d'attacher beaucoup moins d'importance qu'on ne fait aux faiblesses des jeunes personnes qui n'ont point encore subi le joug du mariage. Je sens qu'ici je vais faire jeter les hauts cris, révolter tous les préjugés, et me faire accuser de prêcher le libertinage. Mais la même chose m'arriverait si j'osais dire en Turquie qu'une femme peut montrer le bout de son nez sans être déclarée infâme, et à la Chine qu'il n'est pas absolument nécessaire [de lui comprimer] les deux pieds. Ainsi cela ne doit pas m'arrêter; ce que je dis est vrai, c'est là l'essentiel.

[60] Il est assez singulier qu'une des difficultés du sujet soit de ne pouvoir en parler. On prononce sans scandale le nom de tous les crimes et l'on ne peut désigner que par des circonlocutions une action naturelle, souvent indifférente, à moins que ce ne soit dans de gros livres qui aient l'air scientifique. Le *Dictionnaire de Trévoux*, fait par les Jésuites, dit positivement que le mot *fornication* est un terme de théologie dont on ne se sert que dans des matières graves et saintes. Soit, refusons nous donc toutes les libertés qui ne sont permises qu'aux théologiens et ne nous réservons que celle d'être raisonnables, à laquelle ils ne peuvent pas prétendre, du moins exclusivement.

[61] Quand on n'est pas théologien et quand on ne veut pas confondre toutes les idées du bien et du mal et anéantir toutes les bases de la morale, il faut toujours en revenir aux principes que nous avons établi[s] ci-dessus chapitre 1er : *Tout ce qui tend au bien de l'humanité est louable et vertueux ; tout ce qui tend au mal est vicieux et répréhensible* [1] à quoi on peut ajouter *tout ce qui ne nuit à personne est indifférent.* Or certainement quand une jeune fille accorde des faveurs à un jeune homme libre comme elle, elle ne fait tort à qui que ce soit, elle ne manque à aucun engagement puisqu'elle n'en a point pris. Si par cette action elle se fait tort à elle même, c'est une faute

---

1. C'est-à-dire dans le cinquième volume des *Eléments d'idéologie*, deuxième volume du *Traité de la volonté et de ses effets*, intitulé *De nos sentiments ou de nos passions, ou morale*. Au chapitre premier, *Idées préliminaires*, Tracy écrit : « *Le mérite et le démérite de nos sentiments ou de nos actions ne dépendent point de leurs causes, mais de leurs effets. Il faut les juger par ces effets qui sont très sensibles et très importants, et non par ces causes qui sont très obscures et très indifférentes. Nécessaire ou non nécessaire, tout ce qui*

tend au bien de l'humanité est louable et vertueux ; tout ce qui tend au mal est vicieux et répréhensible. Voilà la vraie et la seule pierre de touche de toute moralité ».

comme toutes les fautes de conduite dont on est puni par les conséquences qui en résultent, mais dont personne n'a le droit de se plaindre, et que personne n'a le droit de punir ni d'empêcher puisque personne n'est lésé. Tout ce que l'on peut faire, c'est de prendre une opinion plus ou moins défavorable du sujet qui a failli, suivant la connaissance que l'on a des motifs qui l'y ont déterminé. Ainsi, si cette jeune fille a été entraînée uniquement par ses sens, on peut en inférer qu'elle est de caractère à ne pas résister beaucoup à d'autres tentations de divers genres. Encore cette conséquence est peut-être sévère et pourrait plus justement être déduite de bien des actions différentes auxquelles on n'attache pas communément la même importance. Si elle s'est livrée par l'appât du gain, c'est une âme vile ; ajoutez : comme bien d'autres (comme un flatteur, par exemple) à qui l'amour de l'argent fait faire encore pis sans être pendu pour cela. Si elle a succombé sous le poids de la misère urgente, c'est une malheureuse plus à plaindre qu'à blâmer. Si elle a été séduite par son cœur et par son entière confiance dans l'objet aimé, c'est une âme tendre et généreuse et peut-être un très beau caractère ; car ceux-là acquièrent lentement la prudence. Toutes ces conclusions doivent varier suivant l'âge et les circonstances, et les moindres détails seraient nécessaires pour être assuré de leur justesse. Pourquoi donc par le seul fait qu'une malheureuse fille a succombé sans que ni nous ni elle-même souvent sachions comment, la trouvons nous sans examen si coupable ? Pourquoi des barbares l'ont-ils souvent livrée aux bourreaux ? Pourquoi la punissent-ils dans son enfant, créature innocente qu'ils flétrissent dans son berceau ? Pourquoi nous qui nous croyons si sensés et presque philosophes la couvrons nous tout de suite d'opprobres et d'infamie, et lui fermons nous par là tout retour à une existence honnête? Assurément, on n'en peut donner une seule raison tirée des idées d'équité et de justice.

[62] Malheureusement, j'en vois de très fortes dérivant de l'esprit de politique et d'intérêt, et cela suffit bien pour accréditer un préjugé funeste. La superstition qui est, comme le dit Saint-Lambert, la crainte des puissances invisibles est une maladie mentale, naturelle aux hommes faibles et ignorants, à laquelle ils sont exposés principalement quand ils sont fortement émus et troublés. Les prêtres, qui règnent par elle, ont saisi ce moyen de tirer parti du plus violent de nos penchants pour nous asservir. Ils ont fait, comme nous l'avons déjà dit, du besoin de se reproduire quelque chose de sacré, de divin. Ils ont assujetti tout ce qui y a rapport à mille formalités religieuses. Ils ont fait des pêchés, c'est-à-dire des attentats contre la divinité, de toutes les manières de le satisfaire sans leur intervention, et il leur a été facile de persuader que des faiblesses qui offensaient Dieu directement étaient honteuses et devaient être méprisées et punies par les hommes. Les autorités politiques qui, quoiqu'on en dise, ont partout fait cause commune avec les autorités religieuses, malgré leurs discours passagers toujours plus apparents que réels, ont partagé et propagé cette fausse opinion. Les pères et mères, en étant imbus, l'ont encore fortifiée, croyant la crainte du déshonneur très propre à effrayer leurs filles et la regardant comme un frein salutaire capable de les empêcher de se livrer à leurs passions, et même d'écouter leurs sentiments, et d'oser jamais disposer d'elles-mêmes sans leur aveu.

[63] Tout cela peut être bien vu pour dominer et contraindre, mais qu'en arrive-t-il? Ce qui arrive toujours quand on se met en opposition avec la nature et la justice. On

lutte contre deux puissances [invisibles][1]; on se constitue
dans un état violent, on crée mille maux particuliers, on se
prive de beaucoup d'avantages et si c'est le bien qu'on se propose, on n'atteint pas son but; en effet, le déshonneur attaché
aux fautes des jeunes filles est précisément ce qui, sans les
empêcher, les rend funestes. C'est lui qui jette les malheureuses dans le désespoir, au point d'en porter un grand nombre
au suicide ou à l'infanticide, malgré la plus violente résistance
de la nature, et qui condamne les autres à passer leur vie dans le
désordre, faute d'autres ressources, ou à l'abominable expédient d'épouser *malgré lui* leur séducteur, ce que l'on ose
regarder comme un bonheur pour elles. C'est ce déshonneur
qui augmente encore le désir des parents d'enfermer leurs
filles, s'ils le peuvent, ou du moins de les tenir sous la plus
exacte surveillance, et de s'en débarrasser le plus tôt possible
[par] crainte d'accident. C'est lui enfin qui quand elles seraient
maîtresses d'elles-mêmes, les empêcheraient de faire presque
aucun usage de leur liberté et de donner le moindre essor à
leurs pensées et à leurs sentiments, de peur qu'un événement
imprévu, une faiblesse momentanée, ou seulement le soupçon
d'une faute ne les perde[nt] à jamais.

[64] Otez ce préjugé barbare autant qu'absurde : tout rentre
à l'instant dans l'ordre naturel. L'inconduite, sans éprouver un
châtiment cruel qui n'est dû qu'au crime, est punie comme elle
doit l'être par les conséquences qui s'ensuivent. Certainement
une jeune fille qui se sera fait à la réputation d'être trop facile,
perdra toujours de son prix. S'il est connu qu'elle a cédé à un
homme sans l'attacher assez pour qu'il daigne unir son sort
au sien, elle sera moins recherchée par ceux qui auraient pu
songer à elle. Cela est dans la nature. Cela est juste. Si de plus

---

1. Le manuscrit porte par erreur de copie : « *invisibles* ».

elle a le malheur d'en avoir un enfant, il lui reste en outre une charge considérable, sans personne qui l'aide à la supporter. Mais enfin elle pourra élever honnêtement cet enfant avec les moyens qui lui appartiennent. Ni lui ni elle ne seront dégradés. Elle pourra continuer à se montrer, à manifester son caractère, à faire connaître ses bonnes qualités si elle en a, à prouver par sa conduite que sa faute est l'effet de l'inexpérience et non de la corruption, et que tout le blâme doit en retomber sur son séducteur ; et il en arrivera le plus souvent qu'elle trouvera un honnête homme qui s'attachera à elle et qu'elle en récompensera en le rendant heureux. Car il n'est pas rare qu'une jeune fille légère devienne une excellente femme.

[65] Je dois même à ce sujet faire une observation que j'ai déjà indiquée précédemment : personne n'ignore que le caractère et le sentiment des hommes ne se développent et ne se forment qu'à mesure que les occasions se présentent ; qu'on n'apprend à juger que par la comparaison, qu'il faut un peu d'expérience pour être capable de faire un bon choix et de s'y tenir, que le premier ou les premiers attachements d'un jeune homme sont souvent ridicules et toujours passagers, et que ces sortes d'essais sont si nécessaires que lorsqu'ils ne se font pas en temps utile, c'est-à-dire avant d'avoir contracté un engagement sérieux, ils ont presque toujours lieu plus tard, quand ils sont de vrais désordres et ne peuvent plus produire que du mal. Tout cela est si connu que vous entendez tous les jours les personnes les moins indulgentes pour ce genre de tort et les plus sages dire : *le jeune homme n'est pas assez mûr pour se marier. Il faut que jeunesse se passe, et il vaut mieux que ce soit avant qu'après son établissement.* Elles ont raison. Cela est vrai, et vrai surtout de ceux qui ont plus de moyens et d'énergie et qui par conséquent donnent le plus d'espérances de devenir des hommes intéressants, vrai au point que, comme

nous l'avons déjà remarqué, ceux qui ont joué le mauvais rôle d'hommes à bonne fortune sont le plus souvent, malgré les dispositions premières les plus défavorables, de meilleurs maris que de jeunes idiots qu'on se presse d'enchaîner avant qu'ils aient pris leur essor. Tant l'expérience est chose nécessaire, on ne saurait trop le redire.

[66] Toutes ces réflexions sont applicables aux femmes comme aux hommes, car elles ne sont pas d'une autre nature que nous. Je conviens que, même indépendamment de tout préjugé, elles ne peuvent pas faire les mêmes expériences que les hommes ni les pousser aussi loin, ni les continuer aussi longtemps. Leur constitution s'y oppose, et c'est un de leurs malheurs. Leurs plus brillants avantages sont fragiles et passagers. Le moindre accident les altère, le temps les détruit rapidement. Elles n'ont pour ainsi dire qu'un moment à être dans toute leur valeur; ainsi il faut qu'elles se ménagent et qu'elles tâchent de se fixer. C'est, je crois, ce qui en général les empêche d'atteindre à un grand développement de leurs facultés morales et intellectuelle, car en elles la timidité est la prudence. Mais ce sont là autant de raisons que des êtres si faibles et si sensibles soient entourés de toute votre indulgence, et au contraire, vous transformez en crimes leurs moindres fautes qui ne leur sont déjà que trop funestes, et vous les rendez irrémédiables. Cela est barbare et absurde; c'est les étouffer dans leur germe. C'est en faire ce que vous voyez: des automates ou des êtres très dissimulés, profondément révoltés d'une cruelle injustice, et qui n'attendent pour s'en venger que le moment où les mêmes fautes feront plus de tort aux autres qu'à elles; une fille dissimulée sera toujours une femme infidèle, et souvent une femme haineuse et perfide, ce qui est bien pis.

[67] Il est vrai qu'en dédommagement de leur faiblesse, les femmes ont reçu de la nature, ou plutôt de la nécessité, une sagacité précoce, un grand talent d'observation, un tact délicat qui leur fait pressentir promptement les objets de leurs affections, si vous les mettez à portée de les rencontrer, en sorte qu'elles acquièrent de l'expérience plus vite que les hommes, ou si vous voulez, que de moins d'expérience elles tirent plus de résultats. Je l'avoue. Mais enfin, avec la plus grande pénétration, on ne saurait le nier, il leur est impossible à elles-mêmes de connaître leur propre cœur avant qu'il n'ait parlé, et de savoir ce que c'est qu'aimer avant de l'avoir éprouvé. Si vous en doutez, vous les avez bien peu observées. J'ai connu, moi, quelques unes de ces jeunes filles, encore trop rares parmi nous, que l'on laisse maîtresses de leur sort, mais qui, dans la simplicité de leur innocence, ne savent que faire de cette liberté. Quoiqu'elles eussent un âge raisonnable, de l'esprit naturel, et même quelques lumières acquises, j'étais alternativement tenté de pleurer et de rire des motifs qui les faisaient pencher pour un choix ou pour un autre ; et il m'était manifeste que je ne pouvais pas même leur donner une idée des choses qui devaient leur faire le plus d'impression, quand leur âme aurait pris l'essor. Bien des gens en conclurons qu'il faut que les parents marient leurs enfants ; et moi j'en conclus qu'il faut que les enfants acquièrent de l'expérience avant de se marier et que tout ce qui la leur rend impossible est dangereux et funeste.

[68] J'ajouterai que si vous supprimez le préjugé fatal que je combats, une expérience suffisante n'a pour les femmes mêmes que des avantages et point d'inconvénients. Car, premièrement, bien que leur beauté soit chose passagère, elle n'est pourtant pas l'affaire d'un moment, et il est connu qu'elle n'a tous ses charmes que quand elle est animée par le sentiment. La crapule et la vieillesse seule[s] font grand cas de l'igno-

rance, parce qu'elles sentent que toutes les comparaisons leur seraient défavorables. Mais quiconque peut ne pas les craindre, aime à être préféré, et n'attache aucun prix à cueillir la première fleur. La preuve en est que ce ne sont pas les novices qui inspirent les grandes passions, comme ce ne sont pas elles qui les ressentent. De plus, la beauté n'est pas pour les femmes le plus précieux de leurs avantages ; c'est celui qui les expose, nous en avons déjà fait la remarque, mais ce n'est pas celui qui les protège et leur assure une heureuse destinée. Leur beauté inspire des désirs nécessairement passagers, mais ce sont leurs qualités morales qui fixent auprès d'elles et les font réellement aimer. Or ces qualités morales ne se développent qu'avec un peu de temps, et ce n'est qu'alors aussi qu'elles sont capables de connaître, d'apprécier un sentiment véritable et de le payer elles-mêmes d'un juste retour. Aussi dussent leurs charmes avoir déjà perdu de leurs premiers éclats, ce qui, je le répète, est rarement vrai, elles gagneraient beaucoup à ne pas précipiter le moment d'un engagement sérieux et à donner auparavant quelque essor à leur esprit et à leur cœur. Mais encore une fois, il est impossible, tant que le préjugé barbare qui rend funestes leurs moindres fautes, régnera dans toute sa force, je devrais dire dans toute sa fureur. Il suffit seul pour leur faire refuser toute liberté avant le mariage, et pour les empêcher de faire aucun usage de celle qu'on pourrait leur laisser. C'est ce qui m'a obligé de m'y arrêter si longtemps. Revenons.

[69] Nous avons dit qu'il était trois moyens principaux de faire que le lien conjugal fût moins pénible à supporter. Le premier serait d'arranger les choses de manière que les jeunes gens n'eussent presque pas de motifs pour ne pas suivre les sentiments de leur cœur. Le second qu'ils eussent la plus grande liberté pour faire un choix et aucune raison de le précipiter. Ces deux moyens dont nous venons de nous occuper, ont

pour objet de préparer des unions heureuses. Le troisième, dont il nous reste à parler, est destiné à remédier à celles qui sont devenues insupportables.

[70] Si l'on ne savait pas que nos sages législateurs ont eu le plus grand désir de rendre le lien conjugal très respectable, on croirait qu'ils n'ont eu d'autre projet que de le rendre haïssable. Ils n'ont en effet rien négligé pour y réussir. Non contents d'avoir tout arrangé de manière que la plupart des mariages se fissent sans le consentement réel des conjoints, ou que, lorsque leur volonté y concourt, ils aient peu de moyens de s'éclairer et beaucoup de motifs de se mal décider, ils ont encore « sagement » statué que des choix si [im]prudemment faits seraient irrévocables.

[71] Quand un homme d'un âge mur, après les plus libres informations et les plus longues délibérations, pour un intérêt modique a conclu un marché trop désavantageux, il est résilié pour lésion d'outre moitié et tout le monde convient que c'est bien fait. Mais quand une enfant a été trompée ou séduite, ou livrée ou vendue, et que son malheur a été signé et solennisé, sa personne est aliénée sans retour et pour toute sa vie, du moins chez les catholiques. La raison qu'ils en donnent est que le mariage est un sacrement, qu'un sacrement est le signe sensible d'une chose invisible et que le signe sensible d'une chose invisible est indélébile. C'est puissamment raisonner.

[72] Il est vrai qu'ils ont trouvé un expédient pour suppléer à la dissolution du mariage. C'est ce qu'ils appellent la séparation de corps qui est prononcée par les tribunaux. Il est bien entendu que ce sont toujours les femmes qui la demandent, car les maris infidèles ou négligents se séparent de fait, sans avoir besoin de jugements, ou si, soit par méchanceté, soit par intérêt, ils en désirent un, ils savent bien se rendre assez tyranniques pour obliger leurs femmes à le demander. Mais pour

l'obtenir, ce jugement, surtout lorsque le mari s'y refuse, il faut qu'une malheureuse femme trouve au moins dans les premiers moments de l'appui et une retraite dans sa famille, qu'elle se résolve à un grand éclat, qu'elle se soumette à de longues et scandaleuses plaidoiries, enfin qu'elle prouve juridiquement qu'elle a été battue, ce qui n'est pas aisé à prouver car d'ordinaire on ne prend pas de témoins pour pareilles scènes, et ce qui d'ailleurs est un motif de détermination assez mal imaginé, car on peut se détester cruellement sans en venir à ces excès, et au contraire, surtout parmi les jeunes gens grossiers, on peut y tomber sans se détester. Quand enfin la pauvre femme a passé toutes les épreuves, si elle perd son procès, elle retombe à discrétion entre les mains d'un tyran irrité et vainqueur, et si elle le gagne, tout ce qu'elle a obtenu, c'est un peu de repos à condition de rester dans l'isolement, sans pouvoir contracter un autre engagement, ni jamais jouir du bonheur, du moins en famille, trop heureuse encore si le mari dont on la sépare ne conserve pas sur sa conduite un droit de surveillance et d'inquisition dont il puisse se servir pour la tourmenter, ou n'obtient pas qu'on l'oblige à se retirer dans une espèce de prison appelée couvent.

[73] Les réformés ne sont guère plus raisonnables. Ils admettent à la vérité le divorce, c'est-à-dire la séparation entière et complète avec possibilité de part et d'autre de contracter de nouveaux engagements. Mais sur quels motifs se fondent-ils et par combien de formalités absurdes et odieuses, indécentes ou humiliantes ne faut-il pas passer pour y parvenir? En Angleterre, il faut qu'une femme prouve légalement par témoins qu'elle a été surprise en adultère, et souvent c'est d'accord avec son mari; et quelquefois c'est l'amant qui veut l'épouser, ou même, comme je l'ai vu, celui qui déjà ne s'en soucie plus qui a la complaisance de figurer dans cette belle

cérémonie. Ailleurs, c'est aux ministres de la religion que sont soumises ces édifiantes discussions. Au reste, pourquoi n'avoir pas aussi bien recours en pareil cas au jugement d'un tribunal de prêtres qu'à la décision d'une assemblée de matrones, prononcée d'après un congrès dûment essayé sous leurs yeux ? Tout cela fait frémir le sens commun.

[74] Dans d'autres législations, c'est-à-dire dans d'autres religions (car ce sont toujours les opinions religieuses qui règlent ces grands intérêts), la répudiation est admise sans frein pour les hommes comme sans réciprocité de la part des femmes ; elle est comme la polygamie, un effet et une cause de leur esclavage.

[75] La seule manière raisonnable suivant moi de séparer des époux qui ne peuvent plus vivre ensemble, c'est le divorce pur, simple et réciproque, prononcé par le magistrat d'après le consentement mutuel des parties, ou sur la demande de l'une d'elle, sans en exiger d'autres obligations que l'incompatibi-lité d'humeur, en usant toutefois préalablement de tous les moyens prudents et honnêtes pour espérer une réconciliation ; et si elle est impossible, en prescrivant des délais suffisants pour être assuré que la résolution prise n'est pas l'effet de la passion du moment et ne sera pas sujette au repentir.

[76] Cette sage institution a trois grands avantages : d'abord, quand elle est établie par les lois et qu'elle a passé dans les mœurs, elle rend presque impossibles les mariages d'intérêts. Car, sachant bien avant de les contracter qu'ils ne sont pas indissolubles, on ne les regarde pas comme assez sûrs pour en faire un objet de spéculation. Secondement, par quelque motif que l'on se soit uni, on sent qu'on n'est point irrémédiablement enchaîné l'un à l'autre ; le sentiment, s'il existe, conserve toute la fraîcheur et le prix que lui donne la liberté. Si l'on n'agit que par des procédés et par des motifs de

prudence, on y est incessamment amené par la même cause. Ainsi l'exigence et la tyrannie ne peuvent pas s'établir et l'union subsiste même par l'effet du moyen qui pourrait la terminer. Troisièmement enfin, ce moyen est le seul qui puisse mettre un terme aux chagrins et aux tourments vraiment insupportables de deux êtres enchaînés l'un à l'autre contre leur gré, soit qu'ils n'y aient jamais été décidés par leur pleine et libre volonté, soit qu'ils aient commencé par s'en applaudir et qu'ils aient fini par s'en repentir. Or quiconque aura un moment pensé à l'instabilité des choses humaines, aux variations de nos goûts, de nos caractères et de nos manières suivant les âges, les circonstances et les événements ne mettra pas en doute qu'il puisse s'opérer même dans les êtres les plus estimables des changements malheureux dont il ne faut pas les rendre victimes à perpétuité ; et en même temps quiconque aura réfléchi sur la puissance de nos habitudes et sur le peu de penchant que la plupart des hommes ont à prendre un parti décisif, à moins d'une extrême nécessité, ne craindra pas que ce remède salutaire, mais pénible, soit employé légèrement ni fréquemment.

[77] C'est ainsi que le divorce a été établi en France par la loi du mois de septembre 1791[1] et cependant elle a été assez généralement blâmée, du moins par ce qu'on appelle à tort ou à raison la bonne compagnie. On s'est élevé contre cette loi,

---

1. C'est le 20 septembre 1792 (et non 1791 comme il est porté par erreur dans le manuscrit et dans la traduction de G. Chinard) que l'Assemblée législative a, au cours de sa dernière séance, à la veille de l'instauration de la République, voté les lois sur l'état-civil et le divorce. Celui-ci peut être prononcé pour cause de condamnation à une peine infamante, d'injure grave, de dérèglement des mœurs ou d'émigration, mais aussi par consentement mutuel ou pour incompatibilité d'humeur. Le propos de Destutt de Tracy se situe clairement dans la continuité de cette loi.

comme si réellement elle ordonnait le divorce au lieu de le permettre, et seulement dans les cas extrêmes et désespérés. On l'a attaquée par toutes sortes de mauvaises raisons. J'ai vu, par exemple, ses adversaires triompher de la grande quantité de divorces qui a eu lieu dans les premiers moments ; comme si c'était une porte ouverte à l'instabilité des familles et qu'il dût s'ensuivre que l'on ne s'épouserait plus que pour un moment et pour se quitter au moindre caprice, tandis que l'on aurait dû au contraire sentir avec honte que ces divorces si multipliés étaient le résultat des détestables usages antérieurs et prouvaient la multitude des unions mal assorties qui en étaient l'effet. J'ai vu encore les mêmes personnes remarquer avec complaisance que dans le nombre de ceux qui avaient usé les premiers du bénéfice de la loi, il y en avait beaucoup dont l'exemple n'est pas fait pour faire autorité. Cela encore devait être ; car ce ne sont jamais les êtres les plus circonspects et les plus réfléchis qui se déterminent les premiers à faire parler d'eux et à prendre une mesure nouvelle quelconque, surtout quand elle est repoussée par l'opinion générale ; en effet dans pareil cas, il faut être deux ou trois [fois] plus sûr de son fait que dans tout autre.

[78] Au reste, on ne doit pas être surpris de ces mauvaises critiques du divorce, car elles n'étaient et ne sont pas toutes bien sincères. Elles sont souvent faites par des gens à qui le divorce déplaît, sans qu'ils l'avouent précisément, par ce qu'il a de bon. Les fauteurs du despotisme de tous les genres y voient très bien une institution propre à porter l'esprit de liberté dans nos mœurs et d'énergie dans nos caractères ; des pères ambitieux et des mères intrigantes y voient l'écueil contre lequel vont se briser leurs combinaisons intéressées ; des maris farouches voient leur victime prête à leur échapper ; des femmes impérieuses se sentent prêtes à être obligées à plus de douceur, et celles qui sont galantes trouvent cette ressource

fort inutile et ne sont pas fâchées de se donner un air de sévérité en décidant qu'elle est immorale. J'en ai connu même à qui elle causait un chagrin d'un autre genre : c'était de les désenchanter sur les sentiments qu'elles éprouvaient, ou croyaient éprouver. Car il ne laisse pas d'y avoir de ces liaisons de galanterie où l'on croit de bonne foi s'aimer beaucoup et où l'on aime à se dire réciproquement et à se persuader à soi-même que l'on ferait tout au monde pour s'unir, et lorsque tout à coup l'obstacle qui s'y opposait cesse d'être invincible, on est tout étonné de s'apercevoir que l'on ne se soucie pas même assez l'un de l'autre pour surmonter le faible reste d'opposition que présente encore l'opinion de quelques personnes, dont au fond on fait peu de cas. C'est là un triste réveil. C'est ce qui faisait dire à une femme aussi remarquable par sa profonde sensibilité que par ses lumières, et douée d'un caractère assez noble pour être toujours sincère[1], que si dans le monde les hommes se refusaient les bassesses inutiles et les femmes les amants dont elles ne soucient guère, la société serait prodigieusement réformée ; aussi pensait-elle (et je crois de même) que l'établissement du divorce avait produit beaucoup de réconciliations et n'avait causé aucune rupture qui ne fût préparé d'avance.

[79] Mais c'est assez parler de l'amour et de ses conséquences ; peut-être même j'en ai déjà trop dit, car le sort de ceux qui traitent des sujets si délicats et sur lesquels les opinions sont si variées parce qu'ils ont fait naître plus de sentiments vifs que de réflexions profondes, est de persuader

---

1. Dans sa *Notice sur M. de Tracy*, publiée en 1847, sa belle-fille, Sarah Newton Destutt de Tracy, identifie cette *« femme remarquable »* comme la comtesse de Tessé. Née Adrienne Catherine de Noailles, tante de l'épouse de La Fayette, elle fut jusqu'à sa mort en 1814 une amie et confidente du « héros des deux mondes », dont elle partageait les idées voltairiennes et libérales.

peu de personnes, d'en choquer beaucoup et de ne plaire complètement à aucune. Cependant, comme ce n'est point le frivole espoir d'un vain succès d'amour propre qui me fait écrire mais le sincère désir d'être utile, si je le puis, je ne pouvais pas traiter légèrement une pareille matière. En effet, le besoin de la reproduction est l'attrait qui rapproche les deux sexes, et joint à celui de la sympathie, il est le lien qui les tient unis. C'est le plus important de tous nos penchants. C'est celui qui perpétue l'espèce et fonde la société. Elle n'est point composée d'individus isolés. Un homme ou une femme pris séparément ne font point un tout complet; il n'en sont que des fractions. C'est le ménage qui est le véritable élément de la société, à peu près comme nous avons vu dans la *Grammaire*[1] que ce sont que ce sont les pr[o]positions[2] qui sont les vrais éléments du discours et que les mots pris séparément n'ont aucune valeur par eux-mêmes. C'est donc de l'état du ménage que dépend essentiellement le sort de la race humaine et on ne saurait trop s'affliger que tout concoure si puissamment à le vicier dans son principe. On ne trouvera jamais rien dans tout le cours d'un traité de morale ou de législation qui soit digne d'une aussi grande attention. Passons cependant à d'autres objets.

---

1. Publiée en 1803, la *Grammaire* constitue le deuxième volume des *Eléments d'idéologie*.

2. Le manuscrit porte par erreur *prépositions* au lieu de *propositions*. Dans sa *Grammaire*, Tracy indique en effet au chapitre premier : «*Nous pouvons donc établir comme principe général et même universel, que tout discours est composé d'énoncés de jugements, de propositions, ou de noms d'idées, composés d'un ou plusieurs signes [...]. L'essence du discours est donc d'être composé de propositions, d'énoncés de jugements*».

EXTRAIT RAISONNÉ
SERVANT DE TABLE ANALYTIQUE

Éléments d'idéologie, Cinquième partie, *Morale*
Seconde partie du *Traité de la volonté*
De nos sentiments et de nos passions, ou morale
Chapitre second, *De l'amour*

L'amour est le besoin de la reproduction joint à celui de la sympathie. C'est la plus violente de nos affections ; elle met en mouvement toutes les puissances de notre être et enflamme notre imagination.

C'est pour cela qu'on en a toujours mal raisonné. On a fait quelque chose de sacré, de divin, de la virginité et de la chasteté ; et partout les prêtres ont eu l'empire de ce qui a rapport au commerce de l'homme et de la femme.

De là tant de lois barbares ou ridicules sur ce sujet.

Les mœurs n'ont pas été plus raisonnables.

La jalousie des Orientaux est et a toujours été furieuse. Cette tyrannie domestique a favorisé la tyrannie politique. Elles ont anéanti l'esprit de famille et l'esprit de patrie.

Les anciens Grecs, ne trouvant point l'amour dans leur ménage, ont imaginé l'amour socratique puis l'amour platonique, et souvent ont eu recours aux courtisanes.

Les Romains ont toujours été farouches, et dans les excès.

La presque totalité de nos barbares ancêtres a croupi dans la superstition et la crapule ; quelques uns, plus délicats, ont inventé les folies de la chevalerie et les fadeurs de la bergerie.

Chez nous, les femmes sont plus ce qu'elles doivent être ; ainsi il pourrait y avoir plus de bonheur.

Mais il ne faut pas se le dissimuler : malgré ce qu'en disent nos comédies, le mariage est par sa nature fort étranger à l'amour, parce qu'il tient à beaucoup d'autres intérêts.

Aussi la plupart de nos liaisons formées par l'amour ne sont pas des mariages.

C'est un malheur, car ces sortes de liaisons donnent rarement un bonheur paisible et jamais un bonheur complet.

Cependant, même en les blâmant, on s'y intéresse, surtout quand elles sont épurées par le temps.

On a raison, et c'est une preuve de la bonté de notre naturel et de notre heureux penchant aux passions bienveillantes.

Les bonnes gens sont plus près de la vérité sur ce point que bien des philosophes.

J'ajoute que de réduire à la simple amitié une liaison intime entre un homme et une femme, tous deux dans l'âge de plaire, est impraticable.

Et encore, que la promesse qu'on se fait en se mariant ne peut être celle de s'aimer, car cela ne dépend pas de nous, mais seulement de ne s'attacher à personne [d'] autre pendant la durée de l'engagement.

Néanmoins, on ne doit pas m'accuser d'être trop favorable aux liaisons illégitimes, car d'abord j'ai déclaré qu'elles ne conduisaient point au bonheur et que c'était dans le mariage qu'il fallait tâcher de porter l'amour ; et d'ailleurs je n'ai point dogmatisé, je n'ai fait que raconter. Ce n'est pas ma faute si j'ai trouvé plus d'erreurs dans nos lois et nos opinions que dans nos cœurs.

Je dis donc avec tout le monde qu'il faut tâcher de réconcilier l'amour avec le mariage, mais je ne crois pas que jusqu'à présent on en ait pris les moyens.

La manière la plus sûre de faire remplir un devoir est de le rendre facile. Je proclame inepte toute législation qui ne sait d'autre moyen d'arriver à son but que de menacer et de punir.

Il y a trois moyens de faire aimer le lien conjugal.

Le premier est d'adopter toutes les mesures législatives propres à faire qu'il entre dans les projets de mariage le moins possible de motifs étrangers à l'amour.

Le second est de laisser une extrême liberté aux jeunes hommes et aux jeunes filles non encore engagés. Ce sont eux, et eux seuls, qui doivent composer ce qu'on appelle le monde. C'est le vœu de la nature ; cela est convenable ; cela est utile ; cela produirait l'amélioration de la société et celle des générations à venir ; et cela retarderait l'âge des mariages, ce qui est encore un très grand bien.

Mais pour que cet heureux changement s'opère, et pour qu'il produise tous ces biens, il faut absolument renoncer au préjugé barbare qui attache [le] déshonneur aux faiblesses des jeunes filles.

D'abord il est injuste, car les fautes de ce genre sont en elles-mêmes innocentes.

Secondement, il est absurde, car lui seul les rend funestes.

Troisièmement, il est nuisible, car tant qu'il subsiste les jeunes filles ne sauraient être libres, ni faire usage utile de leur liberté.

Le troisième moyen de faire aimer ce lien conjugal est d'offrir des ressources à ceux qui se sont engagés témérairement.

La séparation de corps est insuffisante.

Le divorce chez les réformés est assujetti à des formalités odieuses et absurdes.

Dans d'autres religions, la répudiation, sans réciprocité de la part des femmes, est un acte de tyrannie, comme la polygamie.

La seule manière raisonnable de dissoudre le mariage est le divorce par consentement mutuel, ou sur la simple obligation d'incompatibilité d'humeur.

Cette sage institution n'a point d'inconvénients et a de très grands avantages : 1) d'empêcher le plus souvent de faire des mariages un objet de spéculation ; 2) de faire que les deux époux se ménagent réciproquement davantage, sachant qu'ils ne sont point inséparables ; 3) enfin de mettre un terme à leur malheur, s'il est insupportable.

Aussi n'a-t-elle [été] repoussée en général que par une haine aveugle des nouveautés, et n'a-t-elle été critiquée le plus souvent que par ceux à qui elle déplaisait à cause des biens mêmes qu'elle produit.

C'est le besoin de la reproduction qui rapproche les deux sexes. C'est celui de la sympathie qui les retient unis. C'est de ménages et non point d'individus que se compose la société. C'est donc de l'état de ménage que dépend le sort de la race humaine. Aucun point de morale ou de législation n'approche de l'importance de celui-ci.

APPENDICES

1. L'AMOUR SELON CABANIS

Extrait des Rapports du physique et du moral de l'homme
*(p. 397-403), seconde édition, Paris, Crapart, Caille
et Ravier, an XIII-1805, avec un extrait raisonné
servant de table analytique fait par le sénateur Destutt-Tracy*

Telles sont, citoyens, les considérations générales qui me semblent démontrer invinciblement la grande influence des sexes sur la formation des affections morales et des idées. Vous sentez qu'il serait facile de pousser beaucoup plus loin leurs applications aux phénomènes que présente journellement l'homme physique et moral : mais il suffit, pour notre objet, de bien noter les points principaux auxquels tous les détails peuvent être rapportés facilement.

Je ne parlerai même pas des effets prodigieux de l'amour sur les habitudes de l'esprit, ni sur les penchants ou les affections de l'âme : premièrement, parce que l'histoire de cette passion est trop généralement connue pour qu'il puisse être utile de la tracer de nouveau ; secondement, parce que, tel qu'on l'a dépeint et que la société le présente en effet quelquefois, l'amour est sans doute fort étranger au plan primitif de la nature.

Deux circonstances ont principalement contribué dans les sociétés modernes, à le dénaturer par une exaltation factice : je veux dire d'abord, ces barrières maladroites que les parents ou les institutions civiles prétendent lui opposer, et tous les obstacles qu'il rencontre dans les préjugés relatifs à la naissance, aux rangs, à la fortune ; car, sans barrières et sans obstacles, il peut y avoir beaucoup de bonheur dans l'amour, mais non du délire et de la fureur : je veux dire en second lieu, le défaut d'objets d'un intérêt véritablement grand et le désœuvrement général des classes aisées dans les gouvernements monarchiques ; à quoi l'on peut ajouter encore les restes de l'esprit de chevalerie, fruit ridicule de l'odieuse féodalité, et cette espèce de conspiration de la plupart des gens à talents pour diriger toute l'énergie humaine vers des dissipations qui tendaient de plus en plus à river pour toujours les fers des nations.

Non, l'amour, tel que le développe la nature, n'est pas ce torrent effréné qui renverse tout : ce n'est point ce fantôme théâtral qui se nourrit de ses propres éclats, se complaît dans une vaine représentation, et s'enivre lui-même des effets qu'il produit sur les spectateurs. C'est encore moins cette froide galanterie qui se joue d'elle-même et de son objet, dénature, par une expression recherchée, les sentiments tendres et délicats, et n'a pas même la prétention de tromper la personne à laquelle ils s'adressent ; ou cette métaphysique subtile qui, née de l'impuissance et de l'imagination, a trouvé le moyen de rendre fastidieux les intérêts les plus chers aux âmes véritablement sensibles. Non, ce n'est rien de tout cela. Les Anciens, sortis à peine de l'enfance sociale, avaient, ce semble, bien mieux senti ce que doit être, ce qu'est véritablement cette passion, ou ce penchant impérieux, dans un état de choses naturel : ils l'avaient peint dans des tableaux, à la vérité défigurés encore par les travers et les désordres que toléraient les mœurs du temps, mais cependant plus simples et plus vrais.

Sous le régime bienfaisant de l'égalité, sous l'influence toute puissante de la raison publique, libre enfin de toutes les chaînes dont l'avaient chargé les absurdités politiques, civiles ou superstitieuses, étranger à toute exagération, à tout enthousiasme ridicule, l'amour sera le consolateur, mais non l'arbitre de la vie ; il l'embellira, mais il ne la remplira point. Lorsqu'il la remplit, il la dégrade ; et bientôt il s'éteint lui-même dans les dégoûts. Bacon disait de son temps que cette passion est

plus dramatique qu'usuelle : *Plus scenae quam vitae prodest*.
Il faut espérer que dans la suite, on dira le contraire. Quand on
en jouira moins rarement et mieux dans la vie commune, on
l'admirera bien peu telle que la représentent, en général, nos
pièces de théâtre et nos romans. Bacon prétend aussi, dans le
même endroit, qu'aucun des grands hommes de l'antiquité ne
fut amoureux. Amoureux, dans le sens qu'on attache ordinairement à ce mot ? Non assurément. Mais il en est peu qui
n'aient cherché dans le sentiment le plus doux de la nature,
dans un sentiment qui devient la base de tout ce que l'état
social offre de plus excellent, les véritables biens qu'elle-
même nous y a préparés.

Le cœur humain est un champ vaste, inépuisable dans sa
fécondité, mais que de fausses cultures semblent avoir rendu
stérile ; ou plutôt ce champ est, en quelque sorte, encore tout
neuf. On ignore encore quelle foule de fruit heureux on le
verrait bientôt produire si l'on revenait tout de bon à la raison,
c'est-à-dire à la nature. En interrogeant avec réflexion et doci-
lité cet oracle, le seul véridique, en réformant, d'après ses
leçons fidèles, les institutions politiques et morales, on verrait
bientôt éclore un nouvel univers. Et qu'on se garde bien de
craindre avec quelques esprits bornés, qu'ennemie des illusions et de leurs vaines jouissances, la saine morale puisse
jamais, en les dissipant, nuire au véritable bonheur. Non, non :
c'est, au contraire, à la raison seule qu'il appartient, non
seulement de le fixer, mais encore d'en multiplier pour nous
les moyens ; de l'étendre, aussi bien que de l'épurer et de le
perfectionner chaque jour davantage. Sans doute, à mesure
que l'art d'exister avec soi-même et avec les autres, cet art si
nécessaire à la vie, mais cependant presque entièrement étranger parmi nous, du moins presque entièrement inconnu dans

notre système d'éducation[a], à mesure que cet art fera des progrès, on verra s'évanouir tous ces fantômes imposant, soit des fausses vertus, soit des faux biens, qui, trop longtemps, ont composé presque toute l'existence morale de l'homme en société. En fouillant dans les trésors cachés de l'âme humaine, on verra s'ouvrir de nouvelles sources de bonheur ; on verra s'agrandir journellement le cercle de ses destinées : et la raison n'a pas moins de découvertes utiles à faire dans le monde moral que n'en font dans le monde physique ses plus heureux scrutateurs.

C'est encore ainsi, qu'en même temps que l'art social marchera de plus en plus vers la perfection, presque toutes ces grandes merveilles politiques, l'objet de l'admiration de l'histoire, dépouillées l'une après l'autre du vain éclat dont on les a revêtues, ne paraîtront plus que des jeux frivoles, et trop souvent funestes, de l'enfance du genre humain. Les événements, les institutions, les opinions que l'ignorant enthousiasme a le plus déifiés, exciteront bientôt à peine quelque sourire d'étonnement. Les forces de l'homme, presque toujours employées à lui créer des malheurs, dans la poursuite de pitoyables chimères, seront enfin tournés vers des objets plus utiles et plus réels ; des ressorts extrêmement simples en dirigeront l'emploi : et le génie ne s'occupera plus que des moyens d'accroître les jouissances solides et le bonheur véritable ; je veux dire, les jouissances et le bonheur qui découlent directement et sans mélange de notre nature. Tel est, en effet, le seul but auquel le génie puisse aspirer ; telles sont les recherches qui méritent seules d'exercer et de déployer toute sa puissance ; tels sont enfin les succès qu'il doit considérer comme réellement dignes de couronner et de consacrer ses efforts.

a. Il ne paraît avoir été cultivé systématiquement que dans la courte époque de la philosophie grecque. *Note de Cabanis*.

2. DESTUTT DE TRACY,
LECTEUR DU *DE L'AMOUR* DE STENDHAL

*Lettre de Destutt de Tracy à Henri Beyle du 3 septembre 1822,
(bibliothèque du ministère des affaires étrangères),
publiée par A. Doyon et M.-A. Fleury dans « Nouvelle
correspondance stendhalienne »*, Stendhal Club, n° 42, 1969

[Paray-le-Frésil], Ce 3 7 ᵇʳᵉ 1822

    Vous voulez donc, savant en l'art de plaire
    Couvrir le tout du voile du mystère
    Voile de gaze et que les courtisans
    Percent toujours de leurs yeux malfaisans [1].

Je n'ai point, Monsieur, leurs intentions malignes, et je ne crois pas être indiscret en vous adressant directement tous mes remerciements pour un fort joli ouvrage qui vient de m'être envoyé ici [2]. Je n'en suis pas trop digne, mais je ne vous suis pas moins obligé d'avoir songé à m'en faire part. Je suis, de plus, très flatté et très reconnaissant de l'honneur que vous

---

1. Voltaire, *La Pucelle d'Orléans*. Le texte exact est : *Agnès voulut, savante en l'art de plaire...*
2. Destutt de Tracy séjourne pendant l'été 1822 dans son château de Paray-le-Frésil, près de Moulins. L'annonce de la publication de l'ouvrage de Stendhal ayant paru dans le *Journal de la librairie* le 18 août 1822, Tracy en fut un des premiers destinataires. Dans une lettre à Stendhal du 22 décembre 1825, Victor Jacquemont écrit : « On était à Paray quand naquit votre *Amour*. Le débarquement de ces deux petits volumes roses, sur la grande table verte du salon, fit parmi les habitants une explosion générale » (Stendhal, *Correspondance générale*, éditée par Victor Del Litto, t. 3, Paris, Champion, 1999, p. 551).

m'avez fait de m'y citer à deux occasions très différentes[1]. Je vous avouerai pourtant que je suis si mécontent de moi-même dans les deux genres et que mes idées, justes ou non, sont en général si différentes des idées reçues que je regrette fort de n'avoir pas, comme vous, eu la sagesse de continuer à garder l'anonyme[2], comme j'avais commencé et qu'ainsi j'éprouve toujours beaucoup d'embarras quand je vois que quelque chose rappelle l'attention du public sur mes rêveries. Mais ce n'est pas de moi dont il s'agit. Je voudrais pouvoir vous parler dignement de votre ouvrage et c'est là *chose impossible* pour un vieux bonhomme comme moi. On sent, en vous lisant, que vous êtes tout plein de votre sujet et chaque page de votre livre paraît écrite sur le pupitre[3] de l'amant de la belle Pulteney. Je ne doute pas que votre lutrin vivant ne vous dise très souvent :

> … que j'aime cet auteur
> il a le plus grand cœur du monde[4]

mais je ne sais s'il vous connaît depuis assez longtemps pour pouvoir ajouter :

> Il avait encore plus d'éclat
> Quand il était homme d'État.

---

1. Voir notre introduction, note 5 de la page 42.
2. Rappelons que *De l'amour* de Stendhal est paru sans nom d'auteur.
3. Référence aux *Liaisons dangereuses* de Choderlos de Laclos.
4. Voltaire, *Stances, À monsieur le chevalier de Boufflers*, [qui lui avait envoyé une pièce intitulé *Le Cœur*]. Le texte exact est :
> *Certaine dame honnête et savante et profonde*
> *Ayant lu le traité du cœur*
> *Disait en se pâmant : Que j'aime cet auteur !*
> *Ah ! Je vois bien qu'il a le plus grand cœur du monde.*

Mon doute vient de ce qu'il me semble que vous changez souvent de ces jolies machines. Du moins vous en connaissez, ce me semble, parfaitement de bien des espèces et de bien des variétés. Je vous en félicite et aussi vous croyez bien que je ne me risquerai pas à disputer avec vous. Cependant, je vous avouerai que je n'entends pas bien l'analogie de l'amour et de la cristallisation. Vous savez bien que Maupertuis avait appliqué cette allégorie à l'acte même de la génération; qu'il prétendait que les molécules organiques du côté droit du père attiraient celles du côté gauche de la mère et en sorte que l'embryon était le cristal résultant de ces attractions et que les molécules du centre de chacun des individus se disputant la place, l'enfant était mâle ou femelle suivant que l'un des deux prévalait. Cette théorie n'a pas trop fait fortune. Mais dans ces mystères il n'est pas aisé de voir bien clair et le danger est toujours pour celui qui affirme. Je me garderai donc, Monsieur, de rien affirmer, si ce n'est une chose bien certaine c'est que votre livre est plein d'idées et fait beaucoup rêver, donc, comme dit Montaigne, il est bon et de main d'ouvrier. Pour m'en former une opinion plus détaillée il m'est bien venu en idée de consulter nos dames, mais elles sont trois[1] et je suis bien sûr qu'elles auraient eu trois avis différents et qu'aucune d'elles ne m'eût dit le sien[2]. J'ai donc renoncé à cet expédient et je me réfère sur le tout au moment fort désiré où j'aurai le plaisir d'en causer avec vous. En attendant, je vous prie de me

---

1. Il s'agit certainement de sa femme, de l'une de ses deux filles et de sa belle-fille, Sarah Newton.

2. Dans la lettre citée à la note 1 de la page 118, Victor Jacquemont indique que l'épouse du philosophe portait un jugement plus positif que son mari sur l'ouvrage de Stendhal : «la pauvre Mme de Tracy [...] en pensait beaucoup moins de mal que les autres, mais elle n'osait dire sa pensée de peur qu'on se moquât d'elle ».

conserver toujours un peu d'amitié tout au travers de vos amours et d'agréer, sans compliments, les assurances de toute ma considération et de mon véritable attachement.

TRACY

Monsieur
Monsieur Beyle
Hôtel de[s] Lillois
Rue de Richelieu, n° 63
Paris

Cachet de la poste : *Moulins, 6 septembre 1822.*

BIBLIOGRAPHIE

ŒUVRES DE DESTUTT DE TRACY

1789 – *Sur la manière d'imposer les capitalistes, opinion d'un gentil-homme propriétaire de terres et très fortement compris dans les sacrifices qu'exigent les besoins de l'État*, Versailles, Imprimerie de l'Assemblée nationale, [1789].

1790 – *M. de Tracy à M. Burke*, Paris, Imprimerie nationale, 1790; 2ᵉ édition, 1794.

1791 – *Opinion de M. de Tracy sur les affaires de Saint-Domingue*, Paris, Imprimerie de Laillet, 1791.

1797 – « Sur un système méthodique de bibliographie », *La Gazette nationale ou Le Moniteur universel*, n° 38, 8 brumaire an 6.

1798 – « Quels sont les moyens de fonder la morale chez un peuple », *Le Mercure français*, 10, 20 et 30 ventôse an 6; réédité sous le titre « Quels sont les moyens de fonder la morale d'un peuple » à la suite du *Commentaire sur* l'Esprit des lois *de Montesquieu*, Paris, Desoer, 1819.

1798 – « Mémoire sur la faculté de penser », *Mémoires de l'Institut national..., sciences morales et politiques*, t. 1, thermidor an 6.

1799 – *Analyse de* l'Origine de tous les cultes *par le citoyen Dupuis et de* l'Abrégé *qu'il a donné de cet ouvrage*, Paris, Agasse, an 7; réédité sous le titre *Analyse raisonnée de* l'Origine de tous les cultes, ou Religion universelle, *ouvrage publié en l'an 3, par Dupuis, citoyen français*, Paris, Courcier, an 12, 1804.

1800 – *Observations sur le système actuel d'instruction publique*, Paris, Panckoucke, an 9 ; réédité dans *Élémens d'idéologie*, Paris, Lévi, 1824-1826.

1800 – « Dissertation sur quelques questions d'idéologie », « Dissertation sur l'existence », « Réflexion sur les projets de pasigraphie », *Mémoires de l'Institut national..., sciences morales et politiques*, t. 3, prairial an 9.

1801 – *Projet d'éléments d'idéologie à l'usage des écoles centrales de la République française*, Paris, Didot, an 9 ; réédité sous le titre *Élémens d'idéologie, première partie, Idéologie proprement dite*, Paris, Courcier, an 13, 1804 ; nouvelle édition, 1817.

1802 – « De la métaphysique de Kant... », *Mémoires de l'Institut national..., sciences morales et politiques*, t. 4, vendémiaire an 11.

1803 – *Élémens d'idéologie, seconde partie, Grammaire*, Paris, Courcier, an 11, 1803 ; nouvelle édition, 1817.

1805 – *Élémens d'idéologie, troisième partie, Logique*, Paris, Courcier, an 13, 1805.

1805 – « Extrait raisonné servant de table analytique » aux *Rapports du physique et du moral de l'homme*, par P. J. G. Cabanis, Paris, Crapart, Caille et Ravier, an 13, 1805.

1806 – « Aux rédacteurs de la Revue : Sur les lettres de Descartes », *La Revue ou La décade philosophique, littéraire et politique*, n° 16, 1er juin 1806.

1808 – « Discours prononcés dans la séance publique tenue par la classe de la langue et de la littérature françaises de l'Institut de France, pour la réception de M. de Tracy..., le 21 décembre 1808 », Paris, Baudouin, 1808.

1815 – *Traité de la volonté et de ses effets, Élémens d'idéologie, IVe et Ve parties*, Paris, Courcier, 1815 ; nouvelle édition, 1818.

– [« De l'amour », chapitre II de la *Morale*, seconde partie du *Traité*, ne comporte que les trois premiers paragraphes et le début du quatrième.]

1817 – *Principes logiques, ou Recueil de faits relatifs à l'intelligence humaine*, Paris, Lévi, 1817; réédité dans *Élémens d'idéologie*, Paris, Lévi, 1824-1826.

1817-1819 – *Elementi d'ideologia* del conte Destutt di Tracy, per la prima volta pubblicati in italiano con prefazione e note dal Cav. [Giuseppe] Compagnoni, Milano, 1817-1819, 10 vol.

– *Parte Quinta* ossia *Trattato della Volontà e dei suoi effetti*. Diviso in tre volumi con un saggio Catechismo morale, t. III, Milano, Dalle Stamperia di Giambattista Longozo, 1819.

– [Le chapitre « Dell' Amore », complet, est publié dans le dixième et dernier volume des *Elementi...*, troisième volume du *Trattato...*, p. 64-163.]

1819 – *Commentaire sur l'Esprit des lois de Montesquieu*, Paris, Desoer, 1819; nouvelles éditions, 1822 et 1828.

1823 – *Traité d'économie politique*, Paris, Lévi, 1823.

– [Réédition de la quatrième partie des *Élémens...*]

1824-1826 – *Élémens d'idéologie*, par M. le comte Destutt de Tracy, Pair de France, membre de l'Institut de France et de la Société philosophique de Philadelphie, 5 vol., Paris, Lévi.

– [Édition de référence des *Élémens...*, auxquels sont joints d'autres textes : *Pièces justificatives de la Logique*, *Principes logiques*, *Pièces relatives à l'Instruction publique*, *Observations sur le système d'Instruction publique*. Incomplet, le chapitre « De l'amour » reproduit les paragraphes des éditions de 1815 et 1818.]

1922 – « Rapport [du 17 messidor an 10 (1802)] de M. Destutt-Tracy [sur le concours lancé par l'Institut : Déterminer quelle est l'influence de l'habitude sur la faculté de penser] », dans *Œuvres de Maine de Biran*, éditées par P. Tisserand, t. 2, Paris, Alcan, 1922; nouvelle édition dans les *Œuvres* de Maine de Biran, F. Azouvi (dir.), t. 2, Paris, Vrin, 1987.

1926 – *De l'amour*, publié pour la première fois en français avec une introduction sur *Stendhal et Destutt de Tracy* par G. Chinard, Paris, Les Belles Lettres, 1926.

– [Traduction de l'édition italienne de 1819.]

1933 – « Mémoire de Berlin [1806] », édité par P. Tisserand, *Revue philosophique de la France et de l'étranger*, n° 116, juillet-décembre 1933.

1970 – *Idéologie proprement dite*, éditée par H. Gouhier, Paris, Vrin, 1970.

1970 – *Grammaire*, éditée par H. Gouhier, Paris, Vrin, 1970.

1992 – *Mémoire sur la faculté de penser, De la métaphysique de Kant et autres textes*, textes réunis et revus par A. et H. Deneys, « Corpus des œuvres de philosophie en langue française », Paris, Fayard, 1992.

1994 – *Traité de la volonté et de ses effets, De l'amour*, textes réunis et revus par A. Deneys-Tunney et H. Deneys, « Corpus des œuvres de philosophie en langue française », Paris, Fayard, 1994.

– [Texte de l'édition de 1818 pour le *Traité...* et de la traduction de G. Chinard pour *De l'amour*.]

1996 – [Lettres à Maine de Biran], dans *Œuvres* de Maine de Biran, F. Azouvi (dir.), t. 13-2 et 13-3, *Correspondance philosophique*, éditée par A. Robinet et N. Bruyère, Paris, Vrin, 1996.

2003 – *Lettres à Joseph Rey, 1804-1814*, éditées par Cl. Jolly, Genève, Droz, 2003.

2004 – *Projet d'éléments d'idéologie*, introduction de S. Nicolas, Paris, L'Harmattan, 2004.

ÉTUDES CRITIQUES

1845 – MIGNET F.-A., « Notice sur la vie et les travaux de M. le comte Destutt de Tracy », dans *Notices et mémoires historiques*, Paris, Paulin, 1845.

1847 – NEWTON DESTUTT DE TRACY S., *Notice sur M. Destutt de Tracy*, Paris, Plon, s.d. [1847] ; rééditée dans *Essais divers, lettres et pensées*, vol. 1, Paris, Plon, 1852.

1885 – SIMON J., *Une académie sous le Directoire*, Paris, Calmann-Lévy, 1885.

1891 – PICAVET F., *Les Idéologues, essai sur l'histoire des idées et des théories scientifiques, philosophiques, religieuses, etc. en France depuis 1789*, Paris, Alcan, 1891.

1894 – GUILLOIS A., *Le Salon de Madame Helvétius, Cabanis et les Idéologues*, Paris, Calmann-Lévy, 1894.

1925 – CHINARD G., *Jefferson et les Idéologues, d'après sa correspondance inédite avec Destutt de Tracy, Cabanis, J.-B. Say et Auguste Comte*, Baltimore-Paris, The Johns Hopkins Press-PUF, 1925.

1974 – MORAVIA S., *Il Pensiero degli Ideologues, scienza et filosofia in Francia, 1780-1815*, Firenze, La Nuova Italia, 1974.

1974 – IMBERT P.-H., *Destutt de Tracy, critique de Montesquieu*, Paris, Nizet, 1974.

1976 – RÉGALDO M., *Un milieu intellectuel : La Décade philosophique, 1794-1807*, Lille, A.N.R.T., 1976.

1978 – GUSDORF G., *La Conscience révolutionnaire, les Idéologues*, Paris, Payot, 1978.

1978 – KENNEDY E., *A Philosoph in the Age of Revolution, Destutt de Tracy and the Origins of « Ideology »*, Philadelphia, The American Philosophical Society, 1978.

1985 – HEAD B. W., *Ideology and Social Science, Destutt de Tracy and French Liberalism*, Dordrecht, Martinus Nijhoff, 1985.

1987 – HEAD B. W., *Politics and Philosophy in the Thought of Destutt de Tracy*, New York, Garland, 1987.

1993 – GOETZ R., *Destutt de Tracy, philosophie du langage et science de l'homme*, Genève, Droz, 1993.

1994 – « A. L. C. Destutt de Tracy et l'Idéologie », *Corpus, revue de philosophie*, numéro spécial, n° 26-27, 1994.

2000 – RENAULD G., *Antoine Destutt de Tracy*, Paris, Detrad, 2000.

2003 – TEULON F., *Idéologie, écriture et fiasco chez Antoine Destutt de Tracy*, New York, Peter Lang, 2003.

SUR *DE L'AMOUR*

1822 – [STENDHAL], *De l'amour*, par l'auteur de l'*Histoire de la peinture en Italie et des Vies de Haydn, Mozart et Métastase*, Paris, Pierre Mongie, 1822, 2 vol.

1926 – CHINARD G., *Stendhal et Destutt de Tracy*, [introduction à *De l'amour*], Paris, Les Belles Lettres, 1926.

1960 – DU PARC Y., «Destutt de Tracy, Stendhal et *De l'amour*», *Stendhal Club*, n° 8, 1960.

1962 – DEL LITTO V., *La Vie intellectuelle de Stendhal, genèse et évolution de ses idées, 1802-1821*, Paris, PUF, 1962.

1969 – DOYON A. et FLEURY M.-A., «Nouvelle correspondance stendhalienne : dix-huit lettres inédites à Stendhal et trois lettres à Romain Colomb», *Stendhal Club*, n° 42, 1969.

1988 – MAINDRON A., «Cabanis et Tracy gynécologues», dans *Volney et les Idéologues*, Angers, Presses de l'Université d'Angers, 1988.

1989 – GOETZ R., «Eros Idéologue : l'amour dans la philosophie de Destutt de Tracy», *Revue philosophique de la France et de l'étranger*, janvier-mars 1989.

2004 – DENEYS-TUNNEY A., «La République des femmes dans le *De l'amour* de Destutt de Tracy», *Dix-huitième siècle*, n° 36.

TABLE DES MATIÈRES

PRÉFACE, par Jean TULARD 7
INTRODUCTION, par Claude JOLLY 9
   I. *De l'amour* dans le dispositif philosophique tracyen 11
   II. Une approche *idéologique* de l'amour 16
   III. Histoire du texte et sa diffusion 26
   IV. L'apport de la version originale 45
   V. Principes d'édition du texte 48

DESTUTT DE TRACY
DE L'AMOUR

De l'amour 53
Extrait raisonné servant de table analytique 107

APPENDICES 111
   1. L'amour selon Cabanis 113
   2. Destutt de Tracy, lecteur du *De l'amour* de Stendhal 117

BIBLIOGRAPHIE 121
TABLE DES MATIÈRES 127

ACHEVÉ D'IMPRIMER
EN AVRIL 2006
PAR L'IMPRIMERIE
DE LA MANUTENTION
A MAYENNE
FRANCE
N° 120-06

Dépôt légal : 2ᵉ trimestre 2006